持たざる者に贈る新しい仕事術

もっと幸せに働こう

MB

集英社

はじめに

本書は集英社のウェブメディア「よみタイ」で連載されていた内容を再編集・再構成したものです。ビジネスメソッドから思考法まで幅広く書き連ねた内容を、「幸せに働くこと」をテーマに組み立て直し、加筆・修正をしていきました。

本書のタイトルにもある通り、この本は「持たざる者」のための内容となっています。

本文でも述べていますが、私自身、学歴も「有名〇〇大学出身」などといった仰々しいものは持ち合わせていません。一般的な地方大学の経済学部出身、それも3年も留年しています。また、職歴も「上場企業にて活躍した経験を持つ」といったものも、あいにくありません。地元・新潟のアパレル企業でショップスタッフとして就職し、ボーナス0円、年収は200万円台でした。資格は普通自動車免許のみ。特別な技術も知識もありません。

並か並以下だった「持たざる者」である私が、気がつけば、年商が億を超える会社を経営しているわけで、人生何が起こるかわかりません。

本書は持たざる者である私が、いったいどのようなメソッドを用いて、またどのような思考法を得て、幸せを獲得したのかに特化して構成しています。

私はかねてから疑問でした。

どんな自己啓発書もどんなビジネス本も、ほぼ例外なく著者や監修者のプロフィールを見れば、輝かしい職歴や学歴が記載されています。ヘソ曲がりの私からすると「そりゃお前だからできたんだろう」と思ってしまうワケですよ。

しかし、本書は違います。学歴も職歴も何もない「持たざる者」がいかに成長し、発展していったのかを記したものです。

そこには「幸せ」を本質的に見つめた思考法、好きなことをする方法だけでなく「嫌なことを乗り越える方法」、他人と差をつける「差別化の概念」など多数のメソッドや考え方がありました。

本書ではこれらを可能な限り、わかりやすく説いています。既存のビジネス本や自己啓発書にはない「目線の低さ」を感じることができると思います。

何しろ、おそらく本書を手に取ってくれているあなたよりも、私の方が「持たざる者」だったのですから。

どうか本書だけは「お前だからできたんだろう」という言い訳をせずに、読み進めていただければ幸いです。

2019年9月　MB

INDEX

STAGE 2 固定観念から逃げ出そう Run away from the stereotype 56

STAGE 3

ビジネスにおける目標とは何なのか

What exactly is a business goal?

STAGE 4

知っておくべきテクニックがある

There are techniques that you should know

STAGE 5

いかに正しく、いかに効率よくビジネスをするか

How right and how efficiently do business

NEXT STAGE

ビジネスとは幸せをつくるためのツールである 214
Business is a tool to create happiness

STAGE 1

今の場所から
動けない
君たちへ

From
the beginning moving

「何をしたいのかわからない」
「何が好きなのかわからない」
「自分の個性がわからない」

誰しも人生を生きている間に
一度は必ずこの難問にぶつかります。
就職活動をしようとする大学生は、集めた会社資料を眺めて
「俺は何がしたいんだろう」と悩むでしょう。
悩んだ結果どうにもわからず、
「規模」や「条件」で会社を選んだ人も多いはず。

だけど知っていますか?
好きなことには原動力があることを。

他人と違う結果を望むなら、他人と違う行動をしなければならない

ＭＢは学歴も職歴もない「凡人」だけど…

私は２０１９年８月現在、会社経営をしており「ＭＢ」という名前で著書を出版、メルマガ、オンラインサロンなどを運営しています。月額５００円の有料メルマガは１万２千人ほどの読者がおり、また月額５千円のオンラインサロンには６００人ほどの会員が在籍しています。有名ブランドとコラボして制作するＭＢアイテムは発売から数分でソールドアウトするものも少なくなく、**年商は億をゆうに超えています。**

ただ勘違いしないでいただきたいことが１つ。

私は特別な才能に恵まれているわけでもなく、特別な技術やノウハウを持っているわけでもありません。職歴は「ショップスタッフ出身」でしかありませんし、学歴は並程度の偏差値でしかない地方の国立大学出身です。

バカではないのかもしれませんが賢いともいえないレベル、「凡人」であることに何１つ疑う余地はありません。

しかしながら、他人と異なる結果を出しているのもまた事実です。

こうした**他人と異なる「結果」を出すためには、他人と異なる「行動」をする必要**があります。

また、他人と異なる「行動」を選択するためには、他人と異なる「思考」を持つ必要があります。

私がいくら凡人で特別な技術も脳みそもないとはいえ……結果を出すまでに異なる「思考」、異なる「行動」を心がけたのは間違いありません。

本書では私が結果を出すために得た特別な「思考」「行動」を噛みくだいてお伝えしていこうと思います。

凡人であっても特別な技術や学歴がなくても……持たざる者でも結果を出すことは必ずできます。いわば「小学生でもわかるビジネス成功論」として参考にしていただければと思います。

人間は基本怠け者であり、消極的である

私が結果を出せた秘訣の1つとして**「〝好き〟を仕事にしたこと」**が挙げられます。

私はサラリーマン時代、とある高級品の営業をしていたことがありました。一生懸命働けど働けど結果が出ない。残業して休日出勤していろいろな工夫をしているけれど、どうも結果は、並よりちょい上くらいにしかならない。

……私はいつも疑問に感じていました。

「どうして他人よりも時間も労力も使っているのに、他人よりも優れた結果が出ないのだろう？？？」と。

そもそも「好きじゃないこと」に対して多くの人はモチベーションが続きません。「ボーナス」という人参をぶら下げられたとしても、「出世」という餌を見せられたとしても、なかなかうまくはいきません。そうした直接的な餌は、結局は現時点でなんとか生活していけるからこそ、心から渇望していないのです。

「このままじゃ糖尿病になりますよ」と言われても多くの人は不摂生を続けてしま

います。すぐに現状の生活に支障を来すわけではないからです。しかしいざ「余命1年です」と言われれば、藁にもすがる思いで必死で生活改善をします。人は現状に大きくマイナスの影響が出ない限りはたいがいのことは無視してしまいます。これを根性論や精神論で解決しようとしても無駄です。

もはや前提条件として捉えた方がよいでしょう。

「人間は基本怠け者であり、消極的である」と。

しかしながらそんな消極的な人間であっても、モチベーションが上がることがあります。

それは**「好きなこと」**に対してです。小学生の頃、母親から「もうゲームやめなさい!!」「夕食の時間だよ!!」と怒られても、なんとか隠れてゲームをした、漫画を読んだ記憶はありませんか?

「勉強やめなさい」と言われればすぐにやめるのに、ゲームや漫画など自分の好きなことは怒られようが怒鳴られようが、それでもモチベーションは消えなかったものです。

私が高級品の営業時代に結果が出せなかったのは「好きなことじゃなかった」からです。だからこそイマイチやる気も出ず、いくら時間をかけようと能率が悪く、努力が実を結ばなかったのです。

好きなことを仕事にするのは「副業」からで構わない

「そうは言っても〝好きなことを仕事にしろ〟なんてもう無理だよ」

そう思う人が大半でしょう。何年間も何十年間も積み重ねたサラリーマン生活を捨てて「好きなことで生きていく」なんて余程の思い切りが必要です。人生の軌道修正はそんなに簡単なものではありません。

だからこそ私は**「まずは副業でいいのではないか」**と思っています。実際私も、当初ＭＢとしての事業はサラリーマン時代に副業的におこなっていました。就業時間が終わった後や休日を活用して、自分の仕事を進めていき、なんとかギリギリ生活できるくらいにＭＢの事業の収入が生まれたときに独立を決意しました。

最初からリスクを冒す必要はありません。

「好きなことを仕事にする、とは言っても具体的に何をすればいいのか」と疑問を持たれる人もいるはずです。多くの人はインターネットを使った……ブログやＹｏｕＴｕｂｅなどを連想するでしょう。また、そうした事業を連想するとどうしても「大量に人を集めなければならない」「何か一芸に秀でていなければならない」と考えるかもしれません。

しかし実際はそこまでハードルは高くありません。

エンゲージメントさえ高ければアクセスは少なくても構わない

私のジャンルである洋服を例に挙げれば、「副業的に月10万円程度を稼ぐ学生インスタグラマー」などザラにいます。彼らは大量にフォロワーを抱えているわけでもないし、かといって特別秀でておしゃれというわけでもありません。

「好きなこと」である自分のファッションをただひたすら毎日きれいに撮影しUPし、そこで自分のファンといえるフォロワーを数百人集めます。ご存知だと思いますが、SNSで数百人のフォロワーなど比較的簡単に集められます。日々きちんと更新すればそれなりに実現できるでしょう。

そうして彼らは集めたフォロワーに対して「私物の古着を買いませんか？」「ユニクロの服をリメイクしたので誰か買いませんか？」と働きかけます。無料の通販サイトサービスである「STORES」だったり、フリマアプリ「メルカリ」だったりを使って、ノーリスクでおこないます。

実は私も大学生のときに同じようなことをしていたことがあります。個人ブログを書いて、自分で洋服を簡単にリメイクして「ヤフオク！」で販売していました。学生のバイトとしてはかなり割のいい収入だったように記憶しています。

何が言いたいのかというと**「極端に人を集める必要などない」ということ。**ネットで大量に人を集めて大量にセールスをするようなビジネスモデルはすっかり過去のものです。今は「数」よりも「エンゲージメント」が必要です。

なぜ大学生のインフルエンサーが数百人程度のフォロワーに高い購買率でモノを売れるのか。

それは エンゲージメントが高い からです。

セールス目的ではなく自分の好きな洋服、自分の好きなコーディネートをひたすらUPしているからこそ、それに共感した人が集まってきて、少数であっても関心の強い「ファン」が構築されるわけです。

そして、そこにセールスをするわけですから、当然購買率は高くなり、少数であってもそれなりの売上が生まれるのです。

「風俗が好き」「寝るのが好き」……それでも仕事に成り得る

肝心なのは**「好きなことを仕事にする」**ことだと述べました。

好きなことを仕事にする、ありのままで仕事をするからこそ、モチベーションが消えずに黎明(れいめい)期を耐えることができます。また、エンゲージメントの高い顧客を獲得できるのです。いくら「儲かるからやりましょう」と言われていても、興味のないジャンルのブログを書き続けるのは苦行そのものです。しかも、好きじゃないことなので「ありきたり」の記事しか生み出せないでしょう……ところが常に触れ続けていたいと思うような「好きなこと」であれば毎日更新と言われても、心が折れずに続けることができます。クリエイティブな発想も思いつくことができます。

もちろんこれらの例は洋服だけではありません。風俗通いが趣味の人は、風俗の「良嬢」情報をメモで書き留めておきます。それをFC2ブログなどの有料ブログに載せ、自分のメモを配信して収益を得ている人は最近多いようです。

写真が好きな人は撮影素材を有料配信し、音楽が好きな人はYouTuberなどにBGMを販売し、絵が好きな人はアイコン制作で小銭を稼ぎます。もっと極端な話、「寝るのが好き」ということでさえ仕事になります。寝具のアフィリエイトをして稼いでいる人もいるのですから。

無論、財を成すほどの収益を狙うにはこれだけの発想では難しいでしょうが、月数万円～10万円程度の収益なら、時間外の副業と少しの工夫で比較的簡単に得ることができるのです。

なぜか日本人は

「仕事だから我慢しなきゃ」
「仕事だから嫌なことでもしょうがない」

などと、好きなことと仕事を分離させたがる傾向があります。

「好きなことを仕事にしている」人は極めて稀でしょう。

しかし冒頭で述べた通り**「他人と異なる結果を出すには他人と異なる思考を持つ」必要がある**のです。多くの人が「嫌いなことで仕事をしている」のだから、自分は「好きなことで仕事をする」……こうした異なる行動が異なる結果を生み出すのです。

「そうは言っても難しいだろう」
「そんなのは絵空事だ」
いくら論理的に解説しても、いくら実践して成果を出している当人がいても、どうしたって抵抗感が頭をよぎる人も多いはずです。しかしそうした疑問や抵抗を、本書では丁寧に砕いていきます。

まず、この段階で

「他人と違う結果を生むには、他人と違う行動をとらなければならない」

「好きなことは何よりもモチベーションが生まれる自分の武器となる」

この2つを覚えてください。

仕事術や自己啓発書は「今日から何をすべきか」を教えるものではない

アマゾンの自己啓発書や仕事術のレビューを眺めると
「だから？　という感じ。具体的に今日から何をすればいいかが書いてない」
「書いてあることは理解できるが、実際に今日からどうすればいいのかが書かれていない」
なんて批評を度々見かけます。

しかし実はこれ、良書であればあるほど当たり前の話なんです。こうした本の

著者はあなたのコンサルタントではありません。

1万人、10万人、100万人と幅広い人に読まれることが前提だからこそ、話を抽象的にせざるを得ないのです。

例えばたまたま手に取った書籍に、「あなたの上司の○○さんは仕事ができないから従うことはない。左の棚に積まれた取引先の資料をコピーして独立しましょう」なんて書いてあるわけもないでしょ？　１００人いれば１００通りの状況や環境があるのですから、書籍は誰にでも当てはまるように、抽象的に表現されているのです。

抽象と具体の正しい理解

「抽象的」という言葉で表現されるとついつい「アバウト」「曖昧」といったイメージをしがちですが、**抽象的とはいくつかの具体例の共通点をつなぎ合わせた表現のこと**です。

例えば、私の著書『ほぼユニクロで男のオシャレはうまくいく　スタメン25着で着まわす毎日コーディネート塾』で書かれている主張は、「おしゃれとはドレスとカジュアルのバランスを7：3にすることである」というもの。具体的な説明は書籍のほうに任せますが、要するにこれは、すべての洋服を「ドレス」と「カジュアル」の2つに分類し、ドレス7:カジュアル3になるようにコーディネートせよというもの。
これはいかにも「抽象的」です。

「具体的」な指示にするなら、「ユニクロのこのアイテムのこのサイズのこの色を、GUのこのアイテムのこのサイズのこの色と合わせましょう」となるものですが、これだとユニクロが嫌いな人、GUのこのアイテムが好みではない人、テイストが気に入らない人には刺さりません。つまり**具体的であればあるほど読者を限定する傾向**になるのです。

法則を導き出した「抽象表現」だからこそ、どんな読み手にも対応できるわけです。そして歴史に名を残す良書はいつも「抽象的」です。

例えば経営学の祖であるピーター・ドラッカーは、**「事業は顧客から創造される」**と説いています。これはいかにも抽象的です。この概念を具体的に言えば「顧客の佐藤さんが欲しがっているこのTシャツを作れ」ということになりますが、これでは

「顧客の佐藤さん」しか喜びません。

抽象概念を理解することはビジネスの規模拡大に繋がるのです。

自分の顧客を「佐藤さんと鈴木さん」ではなく「30代独身、年収400万程度で地方在住」などの共通項を見つけ抽象化することで、彼らが欲しがっているものを導き出すことができる。顧客をいつまでも具体的に「佐藤さん」としていたのでは、規模が膨らむことは未来永劫ありません。

良書は常に抽象的

こうして「万人に当てはまること」である抽象概念を説くからこそドラッカーの本は良書なのですが、残念ながら抽象概念は個々の条件や環境に合わせて具体化する作業が必要となります。

つまり**「読み手のひと手間」が必要**なのです。

前述のドラッカーの言葉、「事業は顧客から創造される」も、まずは自分の顧客を

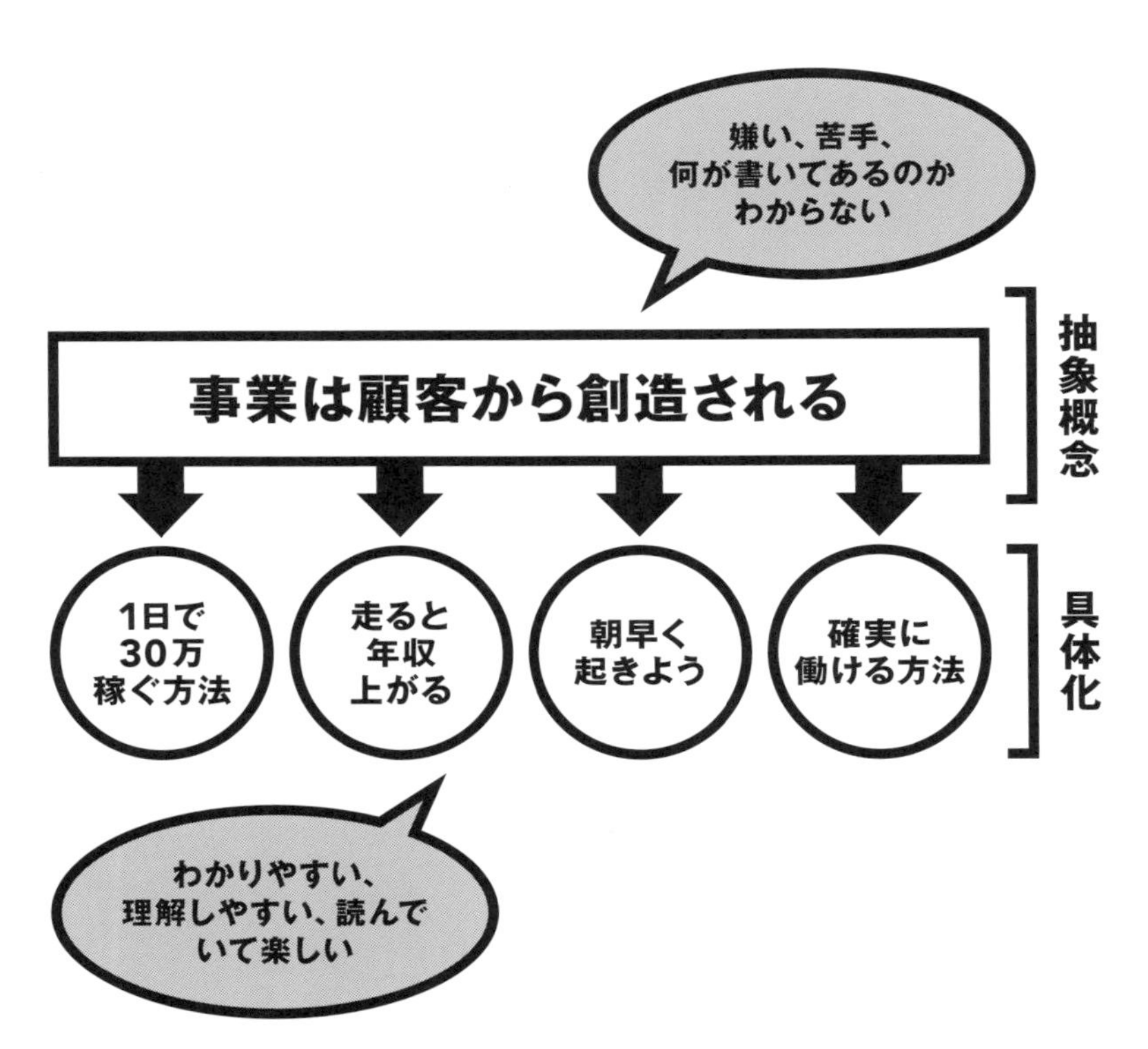

定義づけすることから始めなければなりません。考え、自分の状況に当てはめることが必要です。まるで数学の方程式を設問に当てはめるかのように。

これが面倒くさいからこそ、多くの人は具体的な書籍や手法にばかり手を出します。実はこれこそ失敗の元です。具体的な行動指南は一見、楽で簡単で耳心地がいいものですが、それだけではほとんどの人の何の役にも立たないのです。

「良書は常に抽象的」、これを覚えてください。

「自分だったらどうするか」という具体化作業

自己啓発本や仕事術を学んでも「何をしたらいいかわからない」という人。

実はこうした人は大変多いはずですが、ここまでを読んだ後なら理解できるはず。そもそも**自己啓発本や仕事術は「今日から何をすべきかを教えるもの」ではない**のです。

何をすべきか教えてほしければ、その著者をコンサルタントに雇うしかありません。あなたの条件や環境を理解してもらい、それに合わせて回答をしてもらう……そこには莫大なお金が必要となります。

しかし何も高額なコンサルタントに頼る必要はありません。

自分で抽象概念を具体化すればいいのです。

まず1つは誤解をやめることです。

自己啓発書や仕事術は「読めば変わる」ものではありません。絶対に違います。**読んで法則を理解した後に「自分だったらどうするか」という具体化する作業が必要**なのです。

「何をしたらいいかわからない」と言う人のほとんどはこの誤解から生まれています。

私は「洋服で自己啓発」を自分のサービスとしていますが、前項で述べた「ドレスとカジュアルのバランス」などは抽象・具体の練習にちょうどいいのです。「ドレスとカジュアルのバランスを7：3にせよ」と言われたら、まず多くの人は自分の手持ちの服を分類することから始めます。

「この服はドレスなんだろうか」「この服はカジュアルなんだろうか」と。もちろん書籍ではそうした分類の基準も提供していますが、「これをこう合わせろ」じゃなくて**「自分の状況や環境に合わせて法則を具体化する作業」をさせる**わけです。そうしていくと自分の環境、自分の懐事情で「おしゃれ」を実現できる具体的方法が見つかっていくのです。

ビジネスも全く同じです。

「事業は顧客から創造される」とドラッカーから教わったのなら、まず自分にとっての「顧客」とは誰かを考えます。自分にとっての「事業」とは何かを考えます。

そうして法則を1つ1つ具体化する作業が必要なのです。

何もしないで
1日1時間
考える時間
をつくること

ところで仕事術や自己啓発書を「読んで終わり」にしていませんか？
本当にその本に感銘を受けたのなら、本当にその本を活用したいのなら、1つ「具体的」なアドバイスがあります。

それは**「何もしないで考える時間をつくる」**ことです。

「仕事術や自己啓発書」は具体化までがセットです。抽象化された法則だけを読んで理解したつもりになっていても何も起きません。多くの人は、読んだ後にお風呂に入りご飯を食べてビールを飲んで寝て、すっかり忘れて元どおりになるだけです。

そうじゃなくて、

読んだら必ず「具体化作業する時間」を確保してみてください。

1日1時間でも構いません。お風呂に入りながらとか、ご飯を食べながらとかじゃなくて、机に向かってメモをしながら考える時間を必ず確保してください。

人生のこと、仕事のことを考えるのに「ご飯を食べながら」とかそんなナメた態度でいいアイデアが生まれるわけもないでしょう?

自分の前頭葉をフルに使って考えてください。

「読んで抽象概念を理解する作業」
「得た概念を自分の状況や環境に合わせて具体化する作業」

この2つが必要です。

私はセミナーなどをして「何をしたらいいか思いつかないんです」という質問がくると必ずこう聞き返します。

「何もしないで考える時間を1日1時間でも確保してますか?」と。

そうするとたいがいの人が「いえ、していません」と答えます。
「考える時間を確保しないで思いつこう」なんて、どんだけ自分の天才性を期待しているんでしょうか。考える時間を確保するから「思いつく」のです。「ながら」で思いつくなら、人類全員成功していますよ。

それと1日1時間を1か月続ければ30時間です。丸1日以上考えて考えて、それで1つも答えが出ないなんて人、私は見たことも聞いたこともありません。必ず最低1つはいいアイデアが浮かびます。まずはそれを実行し、改善修正し、形にしていけばいいのです。

「何をしたらいいか思いつかないんです」……シビアに言えばそれは「甘え」です。検索して答えが出てくるネットの世界に慣れてしまった現代病です。

準備ばかり頑張って、行動しない人たちが多過ぎる

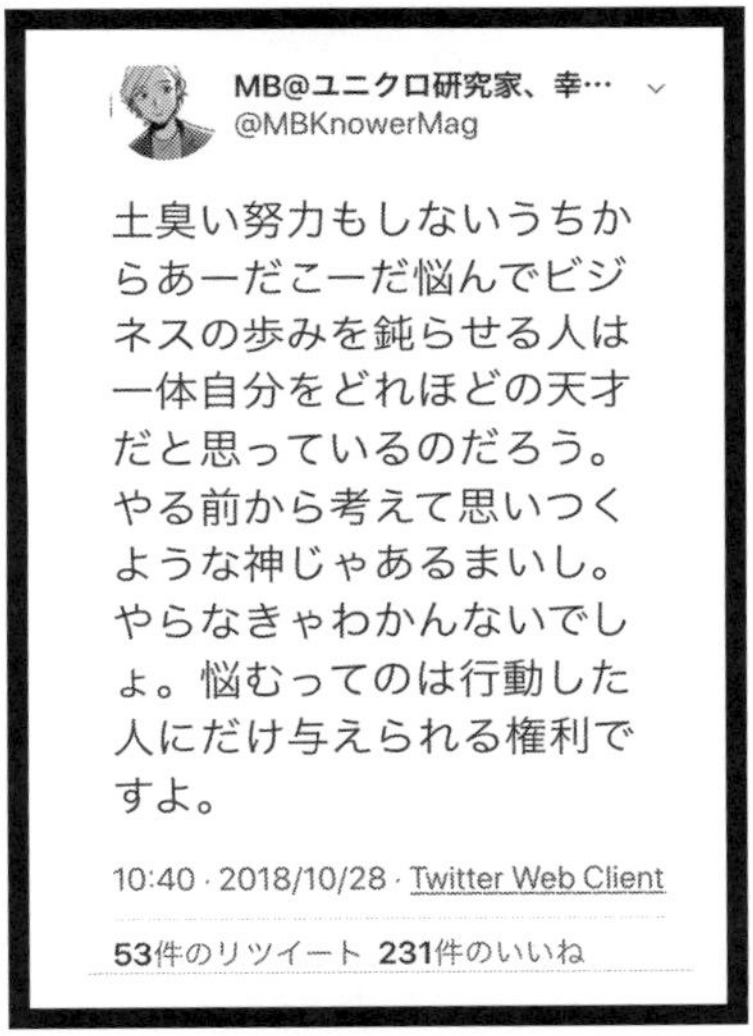

以前にTwitterでこんな投稿をしてプチ反響をいただきました。

> **MB@ユニクロ研究家、幸…**
> @MBKnowerMag
>
> 土臭い努力もしないうちからあーだこーだ悩んでビジネスの歩みを鈍らせる人は一体自分をどれほどの天才だと思っているのだろう。やる前から考えて思いつくような神じゃあるまいし。やらなきゃわかんないでしょ。悩むってのは行動した人にだけ与えられる権利ですよ。
>
> 10:40 · 2018/10/28 · Twitter Web Client
>
> **53**件のリツイート **231**件のいいね

法人コンサルやアドバイザーをしている影響もあってか、イベントなどでもよく「MBさん、こういうビジネスをしようと思うんですが、どう思いますか？」「集客がうまくいかないのですが、間違っていますでしょうか？」といった相談を受けるのです。

最もよくあるパターンがこちら。

イベントでこの会話の流れを何十回繰り返したかわかりません。

「ブログをやってるんですが人が集まりません、どうしたらいいですか？」

「こういうサービスをやってますが人が来ません、どうしたらよくなると思いますか？」

MB「これってどこから集客してるんですか？」

「ブログです」

「SNSです」

MB「1日どのくらい更新しているんですか？　今まで何記事ありますか？」

「（ブログは）1ヶ月で1記事くらいです……」

「（Twitterは）週一でつぶやくくらいです……」

MB「それ、人も集まるわけないいし、いいも悪いもジャッジできるレベルじゃないですよね？　まず毎日更新する努力をしてから〝わかりません〟って言えるんじゃないですか？」

この会話を見て「そりゃそうだよな」と誰もが思うでしょう。

何も行動しないうちからあれやこれやと悩んでいるのですから、冷静に客観的に見れば明らかにおかしいわけです。

しかし胸に手をあてて考えてみてください。

「行動もしないうちからあれやこれやと考えを巡らせ過ぎて、結局何もしない」

多分ほとんどの人が心あたりあるんじゃないですか？

「業績を拡大させるいいアイデアが思いついた……けど、いろいろ調べているうちにメリットだけでなくデメリットもいくつか浮き上がり、結局諦めてしまった」

「半年前にいいビジネスアイデアがあり、副業をしてみようと思った。なので今は副業で発生する税金や個人事業の手続きの仕方などを、本を買って読んで勉強してる。そろそろ動き出そうと思ってる」

「ブログを始めてお金を稼ごうと思っている……ので最適なSEOやユーザビリティの高いサイトデザインにしようと、あれやこれやと研究している。現在1ヶ月経過中」

9割くらいの人がおそらく心あたりがあると思います。

そしてあなたが成功しない理由、成長しない原因は実にこれ。


「準備ばかりで行動しないから」です。

私たちは「本能的理由」と「教育的理由」で動けない

人間はとかく新しい行動を嫌います。新しいビジネス、新しい取り組み、新しい行動、新しい生活習慣を避けようとする傾向があります。

そしてその理由は2つあります。

1つは**本能的な力**です。

我々人間には元来、恒常性維持（ホメオスタシス）機能が備わっています。体温や心拍数や浸透圧など、人間の内部環境は一定を好みます。つまり本能的に心理的に我々は「昨日と変わらない状態」を好む生き物なのです。

ずっと座って作業していると立つのが億劫になるでしょう。逆にずっと立って作業していると座る作業を「よっこいしょ」と面倒くさく感じるでしょう。人間は恒常性維持機能があるからこそ、そもそも「ルーティン」を好む生き物なのです。

これは成功者でも一般人でも何ひとつ変わりません。誰でも必ず**「新しいことに対する抵抗感」が備わっています**。本能ですから。とてもいいビジネスアイデアを思いついても必ずどこかでデメリットを見つけようとするものです。時に荒唐無稽なデメリットでさえ頭にこびりついてしまうものです。

これは本能が**「昨日と同じ状態でいてくれ」**と私たちに働きかけているからです。

サラリーマン時代の会議で「売上が低迷しているから、結果を変えるため違う行動をしてみよう」と私が提案すると、「今までと違う動きをすると既存顧客に嫌われるかもしれないから、今のままでいい」なんて意見を言い出す人がいました。

これも本能がおこなわせる荒唐無稽な抵抗の1つです。


現状、既存顧客だけで売上が成立していないのだから、新しい顧客を取り入れる方法を採らなければならない。違う客層を取るつもりなのだから、既存を多少犠牲にすることもあるでしょう。

少なくとも行動を変えなければ結果は絶対に変わらないのに、「とにかく行動を変えたくない」という本能に囚われて動きを鈍らせてしまうわけです。客観的に考えれば明らかにおかしいことでも、本能の働きによって「そうか、デメリットもあるな。じゃあ諦めよう」と新しい動きを抑えてしまうのです。

新しい行動を抑制してしまう原因のもう1つは**「正解主義」による教育**です。

日本人の戦後から現在にいたるまでの教育方針は「正解主義」の塊です。単一の答えを求めさせる学校教育、高い学歴を持ち、いい職歴を得ることが唯一無二の成功法則であるとする価値観の擦り付け、結婚して家を持ち子供を育てるという幸せのカタチ……こうした正解やテンプレートを刷り込ませる教育は高度経済成長期には確かにメリットとして働きました。

工業主体となり、掛け算で売上を生み出すことができた時代には「個性」などというものは必要ありません。とにかく会社の駒となって働き、イレギュラーを起こさないように歯車を回せるサラリーマンを量産することが、国力を高めることに繋がりました。

しかし現代はどうでしょうか。

終身雇用制度が崩壊し、銀行や上場企業でも倒産。「正解主義」は創造性を欠けさせ、「全国民総貧困」な状態を作り出しています。

その点、個性と創造性を尊重するアメリカの教育方針は現代の動きにマッチしています。アップルやマイクロソフト、アマゾンなどアメリカメイドの企業が時価総額ランキングを総ナメする今の時代、10年前あれだけ市場を席巻していたトヨタや三菱などの日本企業は、ランキングの30位以下に転落しているのが現状です。

「正解」を求めさせて会社の駒・歯車を生産しようとした戦後教育の弊害はまさに今、現れ始めているのです。**我々は正解主義に囚われ過ぎていて、極端に「ハズレ」を踏みたくない**のです。結果、新しいことを思いついても「誰からも教わっていないこと」をする勇気がない。正解が通用しない現代においては「誰からも教わっていないからこそ価値がある」はずなのに。

多くの日本人がこうした**「本能的理由」**と**「教育的理由」**から新しい行動をとれずにいます。だからこそ成功の鍵は

「新しい行動をとにかく起こすこと」です。

なぜなら**ビジネスとは常に「差別化」が求められる**からです。他人と違う結果を

残すためには、他人と違う行動をとらねばなりません。結果は雨のように突然降ってくるものではありません。

「結果」は「行動」から生まれます。つまりいくら準備をしても、いくら頭を悩ませても、いくら勉強しても、「行動」していなければそれは無価値であり、「結果」には結びつかないのです。

新しいビジネスアイデアを思いつき「まずは副業から」と考えても、ほとんどの人が行動しない。よくて「準備」だけで終わります。

「副業って税金どうすればいいんだっけ」

「個人事業ってどうやって手続きすればいいんだっけ」

そこで書店に行き『副業のススメ』なんて本を買って、夜寝る前に30Pずつ読んで1ヶ月かけて読了する。そうしている間に副業についての熱が失われて、結果何もしない……ほらこんな人多いでしょ?

この場合は、**「本能的理由」から動きを止められている**のです。

だって普通に考えたら本を買うより、税理士さんに1本電話をかけたほうが早いです。会って相談するにしても1日で終わります。別に税法の専門家になるわけじゃないのに、何で勉強しなきゃいけないんでしょうか。識者に聞けばそれで終わりでしょう?

こうしたことは、新しい行動を避けたがるため「なるべく遠回りをさせよう」とする恒常性維持機能の典型例です。いいビジネスアイデアを思いついても「来年から始めよう」とか先延ばしにするんです。

辛くて辛くて死にそうな職場でも「退職しよう」と決意してからたいがいの人は半年とかかかるでしょう? 「皆に迷惑がかかるから」「自分がいないと回らないから」という謎理論を理由に、新しい動きを先延ばしにするんです。

あなたがいなくなって会社が倒産するわけでもないのに、どんなカタチだって辞めりゃ迷惑がかかるのに、明日出社するのだって辛いはずなのに、なぜか先延ばしにする傾向があるのは、**「本能的理由」**からなのです。

諦めさえしなければ「失敗」は「成功へのフロー」となる

物事には表と裏がある

どんなに素晴らしいアイデアでも必ず表と裏があります。

日本国民全員にウケるサービスなんて存在しないわけで、どんなに優れたものでも「万人に評価される」ことはありません。ユニクロがいくら低価格で良品を作っても「ユニクロ嫌い」な人は一定数いますし、明石家さんまさんが軽妙なトークで人気を博しても「うるさいから」と嫌う人だっているでしょう。

人間がつくるものに「絶対」はありません。物事は必ずどんなものでもいい面と悪い面、表と裏があります。「正解主義」で完璧を望む人は、この悪い面を見つけてそれを理由に諦めることがあります。

「いいアイデアだと思ったけどコストがかかる」
「売上は上がるけどリスクがある」
そうしたデメリットを捉えて「やっぱりやめておこう」と諦めてはいけません。なぜならデメリットのないアイデアなど、そもそもこの世の中に存在しないのだから。

だからこそ肝心なのは「動く」ことです。

動かずに、準備して考えて、を繰り返し過ぎるとどうしても本能から「デメリット」が目につくようになり、動き出すことをやめてしまうのです。

いいアイデアを思いついたらまず動いてみる、そしてやりながら修正を重ねていくことが大事です。

動き出せば今度は本能的なホメオスタシスがいい影響をもたらし、「やめにくい」状態になるはずですから。

諦めなければ「失敗」は「成功へのフロー」となる

無論、無思考で動け、というのではありません。

最初の一歩に思考が必要なのはもちろんです。

ただ、考え過ぎたり、準備をし過ぎたりすることはよくありません。思いついてある程度内容を固めたら、あとは動いてみる。

途中失敗するかもしれませんが、そしたら修正すればいいだけのこと。

失敗とは、そのまま諦めてしまったらただの「失敗」ですが、諦めなかったら**成功への「必要フロー」**になるだけです。

まずは始めてみること。

どんなビジネスでも同じです。

正解主義とホメオスタシスを振り切って、とにかくまずは動いてみましょう。

話はそれからです。

STAGE 1のまとめ

今の場所から動けない君たちへ

- 肝心なことは「好き」を仕事にすること
- 好きなことを仕事にするのは「副業」からで構わない
- 自分にとっての顧客、自分にとっての事業とは何か考える
- 何もしないで考える時間を1日1時間つくること
- 思いついたらまず動く
- 失敗したら修正すればいいだけのこと

STAGE 2

固定観念から逃げ出そう

Run away
from the stereotype

「ビジネスを始めるからには成功しなくちゃ」
「コストをかけたんだから回収しなくては」
「何か新しいことを考えなくちゃ」

こんな正解主義の自己暗示に
かかっている人がなんと多いことか。
……でも思い出してみてください。
この世に〝確実〟なんてあるんでしたっけ？
肝心なのは準備よりも行動です。

なにも常に新しい事業やサービスを
提供しろといっているわけではありません。
優れたものをひたすら繰り返すという考え方もあるのです。

1の成功の裏
には10の失敗
が隠れている

ZOZOTOWNの前澤友作社長がZOZOSUIT撤廃を検討しているという発言が2018年秋、話題となりました。

あのニュースを見て「失敗しやがった」「やらなきゃよかったのに」「思いつきみたいな仕事するからだよ」と書き込んだり発言した人は、未来永劫、前澤さんの偉大さを理解できないでしょう。

彼の偉大さは〝**失敗を恐れない行動力**〟にあるのです。

事業を百発百中で成功させる経営者などいません。歴史に名を残すような偉大な成功者であっても、1の成功の裏には必ず10の失敗が隠れています。

この世に〝完璧〟など存在しないのだから。

慎重に慎重を重ねて〝確実に成功すること〟だけを求めるような経営者がいたら、会社はどうなるでしょう。

今の時代、起こるべき可能性である与件を検討し尽くして慎重に行動するよりも、動き出して確かめる〝トライ〟の数を増やした方が有効です。

前澤さんを見て「やらなきゃよかったのに」と考える人は、「仕事とは絶対に成功しなければならないものだ」「コストをかけたら絶対に回収に値するリターンを得なければならない」という〝**正解主義**〟**の自己暗示**にかかっているはずです。

すると新しいことを思いついても石橋を壊れるまで叩き、慎重に慎重を重ねて機を逃してしまうもの。〝確実な結果が見えなければ動けない体質〟になるでしょう。

……でも思い出してみてください。〝確実〟なんてあるんでしたっけ？

肝心なのは**準備よりも行動**なんです。

検討するな、準備するな、というわけではもちろんありませんが、正解が相対的である以上、動かなければわからないことの方が多いのですよ。

「ブログでお金を稼ぎたい」では稼げない⁉

「ブログでお金を稼ぎたい」

「今の時代はSNSだ、ウチの事業部もインスタをやるべきだ」

「Facebookを上手に活用しているお店が売上を伸ばしている」

セミナーや法人コンサルをやっていると、いまだにこんなセリフに出会い、耳を疑います。

どの媒体を選べば勝ちか？

実は私の事業の全てはブログからスタートしています。

ブログである程度のアクセスを集め、その後有料メルマガを始め、オンラインサロンを始め、2019年8月現在、23冊もの書籍を出版し、ブランドとのコラボをし、メディアに出演し、バーやスナックなどをオープンし……と多方面に事業が進む中、根本にあるのはブログです。

私は自分の肩書きに毎度毎度悩むのですが、平たく表現すれば「ブロガー」と言っても間違ってはいないのかもしれません（この程度の更新頻度でブロガーと名乗るとか……一生懸命頑張ってるブロガーさんに失礼なので嫌なんですけどね)。

こうした構造を見て一定数の人が
「ブロガーって儲かるんだ!!」

「有料メルマガって稼げるんだ!!」

「オンラインサロンって成功しやすいんだ!!」

と勘違いし、私のセミナーに紛れ込んだりしています。


ここで断言しておきます。

ブログが儲かる、メルマガが稼げる、オンラインサロンが成功する……。

そうした**「媒体で事業の成否が決定される」**ことなど、ありえません。


例えば仮にブログが「誰でも稼げる楽チン媒体」だったとしても……そんなものがいつまでも世の中に放置されているはずないと思いませんか?

だってどんな優れたサービスや優れたモノも市場経済の原理にさらされています。

参入障壁が低く、成功確率が高いようなサービスやモノがあれば日本人の大半が手をつけるはずでしょう。

そうして参入人数が増えれば増えるほど、モノやサービスは相対的に価値を失うものです。

「お尻のポケットに入る財布」が大ヒットしたら、競合メーカーが同じような財布をバンバン出してくるでしょう？　そうすると価値が下がってきて飽和状態となり、すぐに消えてしまうでしょう？

市場経済ってそういうこと。

誰でも成功する、成功確率が高いものがあれば、価値があるまま残ってるはずないのですよ。つまり**「これを選べば勝ち」みたいな媒体は存在しません。**

「どの媒体を選べば勝ちか」みたいな考え方をされる人がたいへん多いですが、それは幻想。冷静に考えたら、媒体で成否など決まりません。

「ブログでお金を稼ぎたい」はつまり間違っています。

やるべきことは「ブログでお金を稼ぐ」じゃない。

「(ブログを使って)○○でお金を稼ぐ」のが正しいのです。

事業は**「何をするか」が最大級のポイントであり、「何を使うか」は二の次**です。

手段が目的化する危険

私の場合は「多くの人が気づいていない洋服の着こなし方、考え方を提供しよう」と考えました。その手段としてブログや有料メルマガやオンラインサロンを使ったまでです。ぶっちゃけ、べつに有料メルマガじゃなくてもブログじゃなくてもどんな手段でも成功させることはできました。

どんな媒体を使うかは二の次で、**「何を伝えるか」の方が1万倍も重要**でした。

実際「ブログでお金を稼ぎたい」と思って参入する99％以上の人が、稼げずに撤退しています。それは提供するモノやサービスがなくて「ただブログを始めればなんとかなる」と思ってる程度の事業設計だからです。

事業はまず自分が提供できるモノやサービスを定義しなければ始まりません。そこから次に使う媒体を選択するわけです。はじめから「ブログを始めよう」とか、順番おかしいと思いませんか？

全く同じことですが……**「幸せになるために結婚しよう」と考えると、いい人に**

出会えます。 なぜなら目的が「幸せ」になっているので「好きな人と結婚する」ことができるのです。

でも、年齢を重ねて「とにかく結婚しなきゃ」と考えると「結婚」が目的になってしまい、「好きな人」じゃなく「結婚してくれる人」を探し始めます。すると変な人に当たり、ゆくゆくは離婚を余儀なくされることもあります。これは「幸せ」という目的が欠如しているからです。

考えてみれば「結婚」とはツールであるはずで、好きな人と永く共に過ごすための手段でしかないはずです。手段が目的化してしまっていては、望まない結果が生まれるのもしょうがないといえるでしょう。

モノやサービスも「ツール」である

高校時代、参考書にやたら凝ってる人って、勉強できないイメージがありませんでしたか？

肝心なのは、勉強に時間を費やし努力することなのに、ツールである参考書にばかりこだわって大切な時間を浪費する。これもまた前項の結婚と同じく、

手段が目的化している一例ですね。

では、

「どうやったら洋服が売れるのか」

……これも間違いです。洋服などのモノやサービスを「どうやって売るか」と考えるとたいがい失敗します。

なぜなら**洋服などのモノやサービスすら、実は「ツール」**なのです。

私たちは洋服を買うときに何にお金を払ってますか？

洋服を構成する布と糸と加工している染料に対してお金を払っているのですか？

だとすると洋服は着なくても飾るだけで価値があるということになりますよね。

……そうです、洋服は「着ること」で初めて価値を生み出します。つまり我々は洋服を着て外出して誰かに褒められたときの「感情」をお金で買っているのです。

ゲームも同じです。データにお金を払っているのではありません。そのゲームをプレイしたときの高揚感、つまり「感情」にお金を払っているのです。

食事も同じ、風俗も同じ、旅行も同じ。

実は**全てのモノやサービスは「感情」でお金が動いている**のです。

「どうやったら洋服が売れるのか」……これでは間違っていると説明しました。つまりこれは、「洋服」というツールを先に考えてしまっている、手段が目的化している例なのです。前項のブログや結婚の例が理解できたなら、この例も理解できるはずです。

本当に考えなくてはいけないのは……

「どうやったらお客様の感情を刺激することができるのか」

「どうやったらお客様に素晴らしい感情を与えることができるのか」

これです。そのうえで提供する洋服を選ぶことが必要です。

目的と手段を取り違えてはいけない、

ツールを先に考えてはいけないのです。

全てのコンテンツメーカーよ、同じものをひたすら繰り返せ

「新しいことを提案しなければ顧客に飽きられてしまう」
「新しいことを書かなければ読み手が離れてしまう」

謎の使命感に悩まされて常に新しい内容・新しいサービス・新しい商品を提供しようとする、事業主あるある。

でもよく考えてみてほしい……新しいことってそんなに必要でしょうか？

自己啓発カテゴリでは圧倒的な発行部数、コンテンツ量を誇る苫米地英人（とまべちひでと）さん。これまでに200冊以上の本を書き、オウム真理教の脱洗脳にも関わった世界トップクラスの認知科学者ですが、彼の書籍を何冊か読んでいくと言いようのない既視感を覚えます。苫米地さんの書籍を数冊でも手に取った方なら理解できると思いますが、彼の主張は毎度同じです。手を替え品を替え、アプローチ方法は変化させていますが、本質的な主張は全て同じ。読めば読むほどそれが理解できるはずです。

作り手のエゴからくる「新しいものを出し続けたい病」

でも、考えてもみてください。

名作であるほど銘品であるほど優秀であるほど、ひたすら同じものを提供し続けているではありませんか。

ユニクロはヒートテックを何年展開しているのでしょうか。

バーバリーは何年トレンチコートを提案しているのでしょうか。

「同じものを出してはいけない」

「同じ内容のものをリリースしてはいけない」

……その思考の大半は**「作り手のエゴ」**だと私は考えています。

本当に世の中に伝えたいことがあるならば、本当に世の中に広めたいモノならば、本当に多くの人に触れてほしいサービスならば、「同じものを提供し続ける」方がむしろ重要ではないでしょうか。

去年とは違うものを、去年とは違う内容を、去年とは違うサービスを、と思う人の大半は自分の生み出すものに自信がないのです。

世の中に広く受け入れられるほどの自信を持っていないからこそ、コロコロと内容を変えてしまう。結局、一貫性を失い、「この人は何がしたいのかわからない」という評価を下されてしまうわけです。

実は私のブログは、これまでの7年間一貫して「ドレスとカジュアルのバランス」を言い続けています。

発売している23冊もの書籍は、漫画で表現したり、小説で表現したり、写真で表現したり、文章で表現したり、スーツで表現したり、Tシャツで表現したりするものの……根幹は全て同じです。

しかし、だからこそ私は世に出ることができているのです。

肚（はら）で理解するには時間がかかる

同じ内容をひたすら繰り返すメリットの根拠のもう1つは**「頭で理解しても、肚で理解することは難しい」**ということ。

私はよく自分の論を数学の方程式に例えるのですが……教科書で方程式を覚えたからといって、それに類するあらゆる設問が全て解けるようになるでしょうか？

みなさん、学生時代に数学をどのように学習したか思い出してみてください。方程式をまず覚えて、そこから無数の設問を解き、繰り返し繰り返しなじませるように理解したはずです。因数分解を覚えたからといって、すぐにそれを使って解くグラフ問題ができるようになったでしょうか？　そんなのはほんの一握りの天才だけのはずです。人は頭で理解することはできても、それが肚で理解できているとは全く限りません。

ドレスとカジュアルのバランスと言われて、頭ではすぐに理解できますが、実際にお店で洋服を選んでコーディネートをしようとしても、なかなかうまくいかないものなのです。何度も繰り返しケーススタディなどをふまえてなじませるように理解することで、会得したといえるのです。空手の型を覚えたからといって免許皆伝にはなりません。血のにじむような反復をおこない、初めて型が身体になじむのです。

つまり、**同じ内容を手を替え品を替え読ませなければ、手を替え品を替え提案しなければ、本当の意味では理解されない**のです。

飽きられるどころか記録更新し続けているMBの現状

同じ内容を繰り返すからこそ広く多くの人にしみわたり、また、ファンに深く理解され、強い支持を得ることができるのです。

私は3〜4年前に

「同じような内容ばかりですぐに飽きられるだろう」

「この人はすぐに消える」

などの声を頂戴したことがあります。しかし私はそうした声を完全に無視して同じことを繰り返し続けました。

結果、書籍は出すたびに圧倒的なスピードで増刷がかかり、今や（2019年8月現在）累計100万部を突破しています。メルマガも単月登録数において、過去最高記録を更新しています。飽きられるどころか規模は拡大するばかりです。

自分のサービスやモノや論に自信があるのならば、いたずらにそれを曲げる必要はありません。

ひたすら繰り返し世の中に広めていくことが大事です。

ユニクロはどうして同じモノばかりリリースして飽きられないのか。

ダチョウ倶楽部はどうして同じ芸しかしないのに消えないのか。

こち亀はどうして同じようなオチが多いのに200巻まで続いたのか。

考えてみてください。

「新しいものを出し続けなければならない」……。

そこに本当に論理性がありますか?

考えれば考えるほど**「優れたものをひたすら繰り返す」方が合理的**であるはずです。

STAGE 2のまとめ

固定観念から逃げ出そう

この世に絶対的な正解など存在しない

1の成功の裏には10の失敗があると心得よ

事業は「何をするか」が大事であり
「何を使うか」は二の次である

新しいものを作りたい病から抜け出そう

手を替え品を替えての繰り返しで世の中に広めよう

STAGE 3

ビジネスにおける目標とは何なのか

What exactly is a business goal?

「会社の売上目標はどのくらいですか？」
「今後の目標はいったい何ですか？」
「いくらぐらい儲けたら目標達成ですか？」

よく聞かれる質問です。
だけど、僕は今は目標というものを定めてはいません。
それは「好きなことを追求することを仕事」にしているので
目標で縛りつける必要がないからです。

ですが、目標には立てるメリットというものも存在します。
そして、その設定の仕方によっては
想像を超える成果を実現させることも
可能になるのです。

僕が目標を持たない理由

「MBさんの今後の目標は何ですか？」
「会社の売上目標はどのくらいですか？」

そんな質問をされることが多々あるのですが、**私はこれら目標を一切定めていません。**

目標というのは本来、弱い自分を律するために立てるもの

無論、目標は定めるメリットと定めないメリットがあるとは思うので「目標は立てない方が素晴らしい」とは全く思っていません。ただ、私の今置かれている環境や仕事の中においては「目標は必要ない」と考えています。

私は好きなことをとことん追求し、それを世の中に提供することが自分の仕事だと考えています。大好きな洋服をとにかく誰よりも愛し、そうして得た知見を世の中の多くの方のために使うことが私の生き方です。

「好きなことを追求することが仕事」なわけですから、それを目標で縛りつけることはありません。

だってゲームや漫画が大好きな人は「月に100本ゲームをクリアする」とか「週に100冊漫画を読破する」とか目標設定しないでしょ？

目標というのは本来、弱い自分を律するために立てるものであり、

強い願望や欲求を持っている人に目標は必要ないはずです。

いくらゲームが大好きでも「月に100本クリアする」とか決めちゃったら、なんだか息苦しくって仕方ないでしょ？　とことん好きなら、とことん野放しにしてあげた方が存分に人生を楽しめるはずです。

私がもし売上目標を決めてしまったら、もし「毎月このくらい稼ぐぞ！」みたいなことを決めてしまったら、洋服よりも売上のことが気になっちゃうでしょう。気に

入ったブランドをメルマガで紹介したくても「このブランドを紹介しても見返りがないからヤメておこう」なんて邪智が働くでしょう。**目標を立てるが故に好きなことを阻害される**わけです。

だから私は一切の目標を立てていません。

ぶっちゃけ自分で会社を経営している割に毎月の売上高すら正確に把握していないし（もちろん税理士さんからの報告などがあるのである程度は把握していますが）、ブログのアクセスやメルマガの増減なども自分から調べることは一切ありません。

「誰よりも洋服が好き」という自分の個性を徹底的に追求することが誰よりも詳しい知見を生み、より良い情報を出すことに繋がるわけです。だからそれ以外の要素を全て排除しています。

徹底的に洋服を楽しめるように、数字やそのほかの要素に気を取られないように生きているわけです。

目標には
3つの
種類がある

それでも「目標がないとやっぱりやりづらいよ」という人もいるでしょう。

会社の目標にしても、あなたの人生の目標にしても……実は目標には「立て方」が明確にあります。目標を達成できない人はたいがい正しい立て方を知らないもの。ここではドラッカー経済学をベースに**「正しい目標設定の方法」**を伝授します。

水は低きに流れ、人は易きに流れる

まず「目標」に対する認識から解説しましょう。そもそも「目標」ってなぜ立てるかわかりますか？

「目標」とは、前項でも述べたように、嫌なことでも面倒なことでも達成できるよう、**「自分を律する」ために設定する**ものです。

イメージでいえば、漫画『巨人の星』の〝大リーグボール養成ギプス〟ですね。自分ひとりの力ではどうにもならないので、目標というギプスで無理やり達成できるよう矯正するのが狙いです。

〝水は低きに流れ、人は易きに流れる〟という言葉があるとおり、人は簡単で楽な方へと進む傾向があります。生物としては当たり前ですね。わざわざ辛く大変な方へと進むわけもありません。本能的には快適で楽でリスクのない方向を選ぶのが自然です。しかし残念ながら、我々は本能だけで生きる生き物ではありません。

人間は、**本能的にはリスクがなく安全で楽な方へと考えますが、社会的には成長と進化を望むもの**です。

辛く苦しくても努力し、毎年昇給し地位を上げ家族を養わなければならない。

つまりいかにして**「本能の力を断ち切るか」**が、社会的な成功の鍵ともいえるでしょう。

その際に活用するのが「目標」です。

本能のままなんとなくで生きていたら当然「人は易きに流れる」わけで、だからこそ目標が必要なのです。まずこの認識を持ちましょう。

「人は易きに流れる」
「楽な方へと進みがちな脆(もろ)い心の持ち主である」

そのように理解できれば目標設定の準備はまず〇Kです。

それでは次の段階として、具体的な目標設定のフローを説明します。

実は目標には3つ種類があり、それぞれを明確に設定せねばなりません。

1つめは**達成目標**（達成すべき目標。通常、期間と数値で表現する）

2つめは**行動目標**（達成目標の到達のために必要な行動内容。通常、達成目標に対して複数存在する）

3つめは**実行項目**（行動目標の到達のために必要な「今日誰が何をどうするか」という実行内容）

……です。

概論だけでは理解しにくいので、ここで具体例を挙げましょう。

私のいる業界・アパレルで例えると、アパレル小売は「モノを仕入れて販売する」という、もっとも原始的で基本的なビジネスの形態です。私が説明しやすいだけでなく、モデルケースとしても理解しやすいはずです。

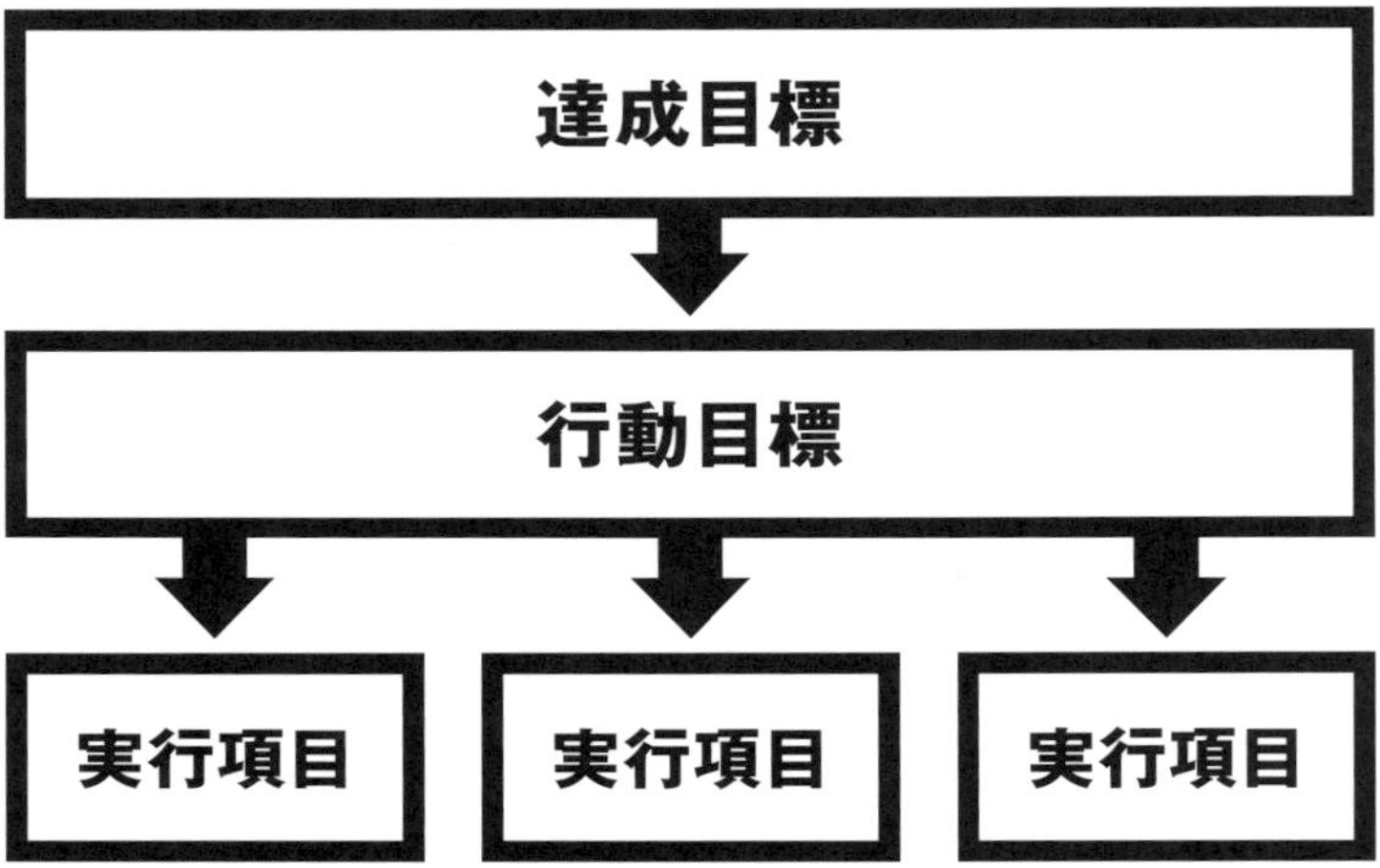

達成目標

行動目標

実行項目　実行項目　実行項目

達成目標
「お店の月間売上1000万円を達成」
行動目標
「単価2万円の強化商品Aを1日10枚販売する」
実行項目
「Aのターゲット客層である20〜30代の男性が来店した場合。来店後3分以内に、最も販売効率の高かった〝〜〜〜〟というセールストークを用いて必ずAを提案する」

極めて単純化したものですが、このようなイメージです。そして、こうした目標を立てるうえで肝心なことがいくつかあります。

目標設定のコツ①

「目標を今日のタスクにまで落とし込み、自分をがんじがらめにする」

まずは絶対忘れてはいけないこと。

達成目標・行動目標・実行項目、この3つがきちんと繋がるように組み立ててください。つまり、実行項目が達成されれば必ず行動目標が達成されるようにし、行動目標が達成されれば必ず達成目標が達成されるようにする、ということです。

断言できますが、**世の中にある90%以上の目標は「根性論」に過ぎません。**

事業部に大きく紙で「昨年対比120%達成」と書いただけ。

売上目標と日割り計算の表を作っただけ。

強化する商品と営業目標を作っただけ。

……そんなものばかりです。

目標は「やるぞ！　エイエイオー！」ではいけません。

「今日どこで誰が何をどのようにするか」が明確である状態まで具体化しなければ、目標は達成できません。つまり**理想論である目標数値を、現実的な今日のタスクまで具体化する作業こそが目標設定**なのです。

そのために、

「理想である達成目標」

「それを実現する細分化された行動目標」

「今日やるタスクにまで落とし込んだ実行項目」


この3段階で具体化するのです。

人は易きに流れるもの……それなのに世の中のほとんどの人が**「自分を律する目標設定」**をしないのです。「今日どこで誰が何をどのようにするか」まで具体化しなければ、みな「まあいいか」で逃げてしまうのに。

「毎日本を読む」では誰も達成できないのです。

「毎日、19時から20時の間、勉強部屋で、机に向かって、先月買ったマクロ経済学の本を、必ず1日10P、読み終わるまで続ける」と、小学生でもわかるように行動を設定しなければ、人間は逃げるのです。

ジム通いが3ヶ月以上続いた人はいますか？

資格の勉強を挫折せずに続けられた人はいますか？

誰もが楽な方へ楽な方へと流れることを経験しているはずなのに、どうして自分を律する目標を立てないのか、私には不思議でなりません。

目標設定のコツ②

「実行項目を他人と共有する」

バンド経験を持つ人なら誰もが理解できるはず。ひとりでギターを練習していてもいっこうにうまくならないのに、バンドに入ると極端に上達スピードが上がります。ひとりで通信教育で勉強しても成果はあがりにくいのに、塾に通うと順調に成績が伸びていきます。

……これはなぜでしょうか？

人間は社会的な生き物です。単独では行動せず群れで行動し、お互いを支え合って生存をはかります。だからこそ我々の本能には「和を重んじる」「組織の列を乱すまい」とする意識があります。バンドに入って自分だけ課題曲を練習してこなかったらどうなるか？　周りが一生懸命に見える塾で自分だけ勉強していなかったらどうなるか？　**集団の中にいると他人に迷惑をかけまいと「有言実行」するように矯正される**のです。

だから、目標……特に日々のタスクを設定する「実行項目」は他人と共有するのが得策です。上司でも同僚でもいい、友人でも家族でもいい。「自分は毎日これをこうするんだ」と一言表明するだけでも意識が変わり、成果はあがるでしょう。

さらに「大勢でそれぞれの実行項目をチェックする」と最高です。例えば、バンドを組んで演奏するだけでなく、録音して練習の後30分でいいので全員で演奏を聴き返す反省会をすると上達が早いのです。「下手」が目立つから、和を乱すまいと全員で努力するようになるからです。

「目標は紙に書いて掲げると達成しやすい」などの統計もありますが、これはこういったケースを単純化した例でしょう。人は他人に見られることで、その意識はガラリと変わるものです。

目標設定のコツ③

「与件を考え、可能な限りそれをつぶす努力をする」

起こるべき可能性のことを「与件」と表現します。目標設定においては、なるべく与件をつぶすようにしましょう。

前述のアパレルの例では「Aのターゲット客層である20~30代の男性」の来店率が低い場合、達成することが不可能となります。この与件を防ぐために、20~30代の男性の集客を上げる広告や取り組みなど、他の施策を考えます。それをまた行動目標と実行項目に落とし込み、日々進めていきます。

このように与件をつぶすようにして、「行動目標」は複数存在させることになります。無論それに付随する「実行項目」も行動目標の分だけ存在することになります。ただしあまり多過ぎても散漫になってしまうので、基本的には3つ以内に収めましょう。

目標設定のコツ④

「1週間などの期間で区切り、結果を振り返ること」

最後に必ず「振り返り」をおこなってください。1週間などで区切って達成目標と行動目標の進捗がどうであったかを確認します。

行動目標が達成できていない理由は実行項目にあります。

達成目標の進捗が思わしくない場合は与件をつぶしきれていない可能性があります。

これらをつぶさに観察し、修正をおこない続けます。修正改善をおこない続ければ、理論上はいつか答えにたどり着きます。

これが基本的な**PDCAサイクル**です。

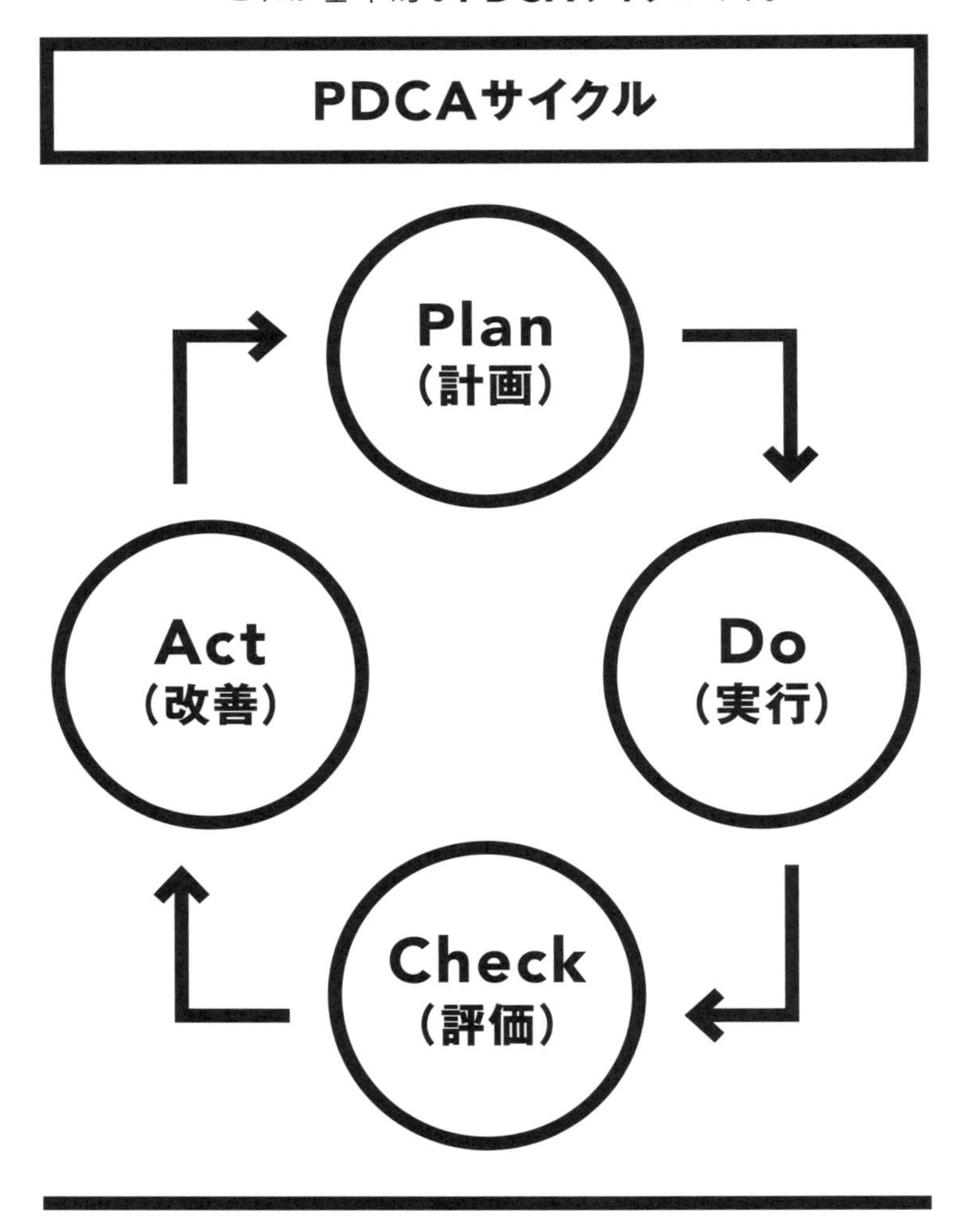

以上が目標設定の概要と具体例です。

一読すると「目標設定だけでも大変だな」と感じるはず……ですが、まさにそのとおりです。**目標設定はどう頑張っても数時間はかかります。**多くの人がいつもしているような「5分で目標を書いて終わり」では、達成できないからです。

綿密に具体化して、それを実行し、修正し改善を繰り返す……このフローを続けなければ理想まで到達しません。私はサラリーマン時代、これを徹底的に繰り返し、今の自分を構築していきました。辛いのは理解できますが、別に一生コレを続けろというわけではないのです。

「現状を打破したい」

「少しでも給料を上げて家族に楽をさせたい」

そう考えているのなら1年と期間を区切って、覚悟を決めて目標を作り達成しましょう。「根性論」で目標を掲げて、なんとなく生きて、うだつが上がらないまま時間を進めるより、1年覚悟を決めて取り組む方がよほどマシでしょう。

机上の空論になりがちな目標が、この手法を使えば必ず実になるはずです。

ぜひトライしてみてください。

「MB」は設定した未来から現在を組み立てることで生まれた

成功者は初めから恵まれた環境・成功する条件が揃っていたのでしょうか？

そんなことはありません。

多くの成功者が「成功を想像もできないような環境」からスタートしています。

過去からは想像もできないような未来

この件に関しては私ほど顕著な例もないでしょう。

私は新潟の田舎に生まれ、借金取りが来るような極貧の家庭で思春期を過ごし、学歴は並か並以下、最初に就職した会社は地元の洋服屋さん、初任給は17万円程度（ボーナスなし）。履歴書にかけることは「普通免許取得」くらいで、立派な経歴も経験も知見も何ひとつありませんでした。

毎日毎日ショップスタッフとしてお店に出勤し、同じように朝礼をして、同じようにお店を開けて、同じように接客をし、同じように店を閉めて、同じように終礼をして、同じように家に帰り酒を飲んで寝る生活。延々と繰り返すルーティンを長年続けてきました。

このときの私は、今を想像できていたか？　もちろん何ひとつ考えていませんでした。自分が著書を20冊以上も出版し、累計100万部超えのロング&ベストセラーを記録し、経営する会社は初年度で売上が億を超え、しかもそれを大好きな洋服の仕事で実現するなんて微塵も想像できていませんでした。

当時、私も多くの人と同じように、将来に息苦しさを感じていました。

「こんな毎日がいつまで続くのだろう」
「このままこの会社にいて、たいした成果もあげられず平凡に暮らすのか」

少しだけ賢くなった20代後半には、そんな風に〝諦め〟を感じていたのです。
しかしそんな私が、ご覧の通り人生を激変させることができました。
安心してください。

人生は変えることができます。

私はショップスタッフ時代には「息苦しい将来」ばかりを想像していました。
しかしあるとき、未来から物事を考えてみたのです。

未来を現在まで下ろす作業

現状を忘れ、条件や環境を忘れ、何もかも取り払って「自分の理想」だけを思考実験的に考えてみました。するとと出た答えは「大好きな洋服の仕事をしながら、家族を幸せにしたい」というもの（他にも複数出てきましたが、わかりやすいようにここではこれだけ取り上げます）。

当時、洋服の仕事をしていた私ですが、現状を忘れようとしてもやはり洋服が好きでした。ただ、ショップスタッフではせいぜい年収300万円程度が関の山。「家族を幸せにする」というビジョンには到達できません。

しかし、現状できるとかできないとかそんなことはさておき、まずは理想である「大好きな洋服の仕事をしながら、家族を幸せにしたい」をひたすら考えることにしました。

「洋服の仕事をしながら年収1000万円を超えるためにはどうすればいいのだろう？」

こうして**設定した未来から現在を組み立てる**ことをしました。

物事を達成しやすくする秘訣は「未来の記憶」

多くの例を見るに、成功者は時間を逆に捉えています。

過去から未来に時間が流れるのではなく、未来から過去に向かって流れるように捉えます。これが多くの人と成功者を分け隔てる考え方の違いです。

認知心理学では**「未来の記憶」**などと表現されています。

人は「現在できること」「現状から実現可能と思われること」の積み重ねで未来を想像します。今、新潟に住んでいる人が「来年ＮＹで仕事をしてる」なんて想像はしないわけです。やったこと・行ったこと・経験したことから未来を算出しようとするのです。

しかし実は現状から想像できないような未来も作ることができます。例えば「車の運転」などで、このことを誰もが経験しているはずです。構造もわからない、操作する順番もわからない、教習所に通う前は自分が車を運転する姿など全く想像できなかったはずです。しかし教習所に通い始め、カリキュラムをこなすたびに、それは着実に想像できるようになってきます。

まさに現在の延長線上から未来を想像するのではなく、荒唐無稽な未来を現在に下ろしていく作業です。私の場合、当然「洋服の仕事をする」という理想は、ショップスタッフでもなんでも叶えられます。問題なのは年収1000万円です。

そこで「お金を稼ぐとは何か」と考えました。本を読んだり知識を得たりしているうちに**「お金を稼ぐ、たくさん収入が得られる」というのは「多くの人が喜んでくれている状態」**だと気がつきました。

では洋服を使って多くの人を喜ばせる仕事とは何か。逆に考えれば「多くの人が洋服で困っていることは何か」を探し、これを解決すれば喜んでくれるはずだ。そこで「ファッションが苦手だと思っている人をおしゃれにすれば解決するのではないか？」と気がついたわけです。

今のMBとしての仕事のスタートです。

こうして私は未来を先に設定し、そこから現在を作るように……時間を逆にして考えることで一定の成功を見たのです。

もしあなたが現状の延長線上である将来像に息苦しさを感じているなら……まずは「理想」を考えてみてください。

現状できること、できないこと、あり得ること、あり得ないこと全て無視してください。何も考えずに子供のように純粋に「理想」を想像してみてください。どんなに陳腐なことでも構いません、「1日中寝る生活をしたい」でも結構です。それがもしあなたの理想であるのならば問題ありません。

まずはそれをなるべく具体的にリアルに想像してみてください。

そうして未来を想像したら、今度はそれを現在まで下ろします。

「こうした未来に向けて、何が必要だろう?」と具体化していきましょう。

未来をまずきちんと想像すること。
そのうえで未来を現在まで下ろしてみること。

これをすると、延長線上ではない「目指すべき理想の未来」を掴むことができます。

現状から判断して将来を諦めることはありません。

現在の自分から未来に絶望することはありません。

誰でも何にでもなれるし、どこにでも行けるのです。

まずは「未来」を考えることからスタートしてください。過去に囚われず現在に気を取られずに、純粋な理想を見ようとしてください。


たった一度きりの人生、思う存分楽しまなきゃ損でしょう?

やりたいことを思う存分やりましょう。

そのために私たちの命はあるのですから。

「月10万円の収益を1年以内に」と宣言するブロガーは成功しない

何をやっても鳴かず飛ばずでうまくいかない……
どんなに頑張っても人並み以上の結果が出せない……
その原因もまた「目標設定」にあるのかもしれません。

目標設定についてさらに復習してみよう

あなたは仕事においてどんなことを「目標」としていますか？　どういう状態にな
ればあなたの仕事は「達成できた」と言えますか？　胸に手をあてて考えてみてくだ
さい。

どんな内容が頭に浮かびましたか？

「毎月の予算を達成したい」
「会員数をこのくらい増やしたい」
「年収をこのくらいまで到達させたい」

皆さんそんな目標が頭に浮かんだのではないでしょうか。

しかし、ここにあなたの間違いが潜んでいる可能性があります。

最近Ｔｗｉｔｔｅｒでブロガーさんや ＹｏｕＴｕｂｅｒさんなど、ネット上でお仕事をされている方たちの発信をぼんやり見ていました。皆さん一様に……

「半年後に10万ＰＶまで到達させたい！」

「会員登録数を今の倍まで増やしたい！」

「月10万円の収益を1年以内に構築する！」

など目標を宣言し、自分を奮い立たせていました。


自分の目標をＳＮＳで宣言するのが最近の流行りなのでしょうか？　多くの方が同じような投稿をされていました。もちろんこうした数的目標で自分の達成度を計るのもいいでしょう。

しかしながら「半年後に10万ＰＶ」と宣言している人はおそらく……いやほぼ間違いなく「半年後に10万ＰＶ」は達成できません。「月10万円の収益を1年以内に」と言っている人はおそらく月5万円いけばいい方でしょう。なぜそう言い切れるのか。

それは、学校のテストで１００点満点を取れる人がほぼいないのと同じ理由です。

人は目標設定したら、それをちょうどクリアできるくらいしか努力しないものなのです。

100点満点の試験があるとしたら、それに向けて「ちょうどぴったり100点取れるように」準備します。しかし我々は機械ではなく人間ですから、体調やちょっとの気の緩みで簡単に崩れます。この部分を勉強した日がたまたま眠かったから、テスト当日この部分だけたまたま集中力が落ちていたから、この部分だけちょっと気が乗らなかったから、そんな理由から簡単に誤差が生まれます。するとしっかり100点満点を取る準備をしたつもりでも70~80点に落ち着いてしまいます。

……しかし、では200点満点の準備をしたらどうでしょうか?

センター試験の英語科目のように、200点満点の準備をすれば人は簡単に140点くらい獲得することができます。このように、

最終的な目的や目標の置き所で、結果は向上させることが

できるのです。

「圧倒的な成果を出す人」と「人並みの成果すら出せない人」の違い

では、改めて目的や目標はどのように設定すべきか？

私の目的や目標はいろいろなところで繰り返している通りですが、「日本にメンズファッションの文化を創る」ことです。

男性は洋服に興味のない方が大半ですが、それを変えることが私の最終目的。多くの人が洋服の魅力を知り、「誰もがおしゃれになれる」という認識と正しいリテラシーを身につけ、自由に自分を着飾り変化させることを楽しむ世界に変えよう、と考えています。女性の場合は既に一定のリテラシーが行き渡っているように感じますが、男性はまだまだ。街を歩けば、服に気を使っている人の方が圧倒的に少ないでしょう。この現状を変えるために私は活動しています。

実は「有料メルマガの会員数をこのくらいまで増やそう」とか「ブログのアクセス数をこのくらいまで達成させよう」とか、**今となっては数的目標はさほど意識していません。**頭にあるのは「文化の創生」であり、その必要手段として有料メルマガを拡散させる、ブログのアクセス数を増やす、と考えているだけです。

では実際、私の成果はどんなものか?

現在、私の書籍は日本人の1%が買っている計算になります。私の自著・関連書籍の売上は100万部を突破しています。日本人の人口はざっと1億人、100万部ならば1%ですね。まだまだ1%では「文化の創生」とは言い難いですが、わずか数年でこの進捗なら悪くはないでしょう。

実にここが、前述した一般的なブロガーさんとの違いです。

「月10万円の収益を1年以内に構築する!」という目的意識を持つ人と、**「日本に文化を創る!」**という目的意識を持つ人、どっちが成果をあげると思いますか?

私は「文化を創る」という途方もない目的に向かって真剣に取り組んでいるからこそ、月10万円の収益など余裕でクリアできます。しかし文化の創生はまだまだ難産、もっと時間と労力が必要です。

他方「月10万円、月10万円」と目的に向かって真剣に取り組んでいる人は、実際にはいったいどの程度の収益に落ち着くでしょうか？

学校のテストの例えの通りですね。

10万円を獲得することは１００点を取るように難しく、いつまでも達成できない未来が待っています。

嫌なことでも目標達成できる
MB的「200点満点理論」

そもそもなぜ目標は達成できないのか

あなたの今月の目標は何ですか？

営業目標、売上目標……一般的なサラリーマンなら数値目標を掲げる必要があるでしょう。私もサラリーマンだったショップスタッフ時代、ひたすら毎日目標を追いかけていました。アパレルショップは普通、月の目標である「予算」を設定していきます。それが日割り、場合によってはスタッフ個人まで細分化して追いかけるような目標達成の形式になっています。

また、予算の根拠は昨年の数字によるものがほとんど。昨年より数字が落ちていれば問題ですから「昨年対比１０５％」などの予算設定が一般的です。これはアパレルに限らず、どの業種も似たようなものでしょう。

そして私がショップスタッフだった頃から今も変わらずですが、たいがいのお店は予算を超えることができません。昨年度からたった５％上がった数字でも達成することは困難です。

多くは予算比95％くらいで着地し「今月もうちょっとだったね」「何が悪かったたん

だろう」など、たった5％の達成不足のために1～2時間も会議で時間を浪費するものです（実に無駄です）。

私は当時**「なぜ常に予算を達成できないのだろう」**と悩みました。

私が所属していた会社は全国で60ほどの店舗を構える中規模クラスのアパレル企業。60店舗もある中で毎月予算達成できているのはごく少数。達成できてない店舗が少数ならば「何かそのお店やブランドや環境ならではの理由があるのか？」と個別の事案を疑うこともできますが、「ほとんどのお店が毎月予算を達成できない」という慢性的な状況があるわけです。

私は「なぜどの環境・どのブランド・どのお店においても慢性的に予算を達成できないのだろう」と考えました。そこでふと思いついたのが、113ページで述べた学校のテストの例えだったのです。

人間は完璧じゃありません。どんなに勉強してもテスト当日具合が悪かった、好きな子にフラれたなど、人間らしいわずかな揺らぎから5点くらいはマイナスが生まれるものです。誰だって完璧に100点なんて簡単に取れるはずがないのです。

ところが同じテストの中でも誰もが100点以上を獲得できるものがありました、それはセンター試験の英語です。私の時代、センター試験の英語は100点満点ではなく200点満点での計算でした（今もそうですかね？）。

当然みんな120点や130点など100点以上を獲得するわけですが……私にとってはコレが会社の予算を達成するヒントとなったのです。

「200点満点理論」実行法

そもそも予算達成においてどの店舗も9割程度で歩留まりするのはどういう理屈なのか。

これは**「予算100%ちょうどぴったりにしか準備しない」から**です。予算100%できっちり達成するように日割り目標や個人目標を決めているし、仕入れやイベントなどを組むわけです。

しかしながら先ほど述べたテストの例の通り、人間はそもそも完璧ではありません。機械のように1+1=2と素直に算出できる正確性は存在せず、少しの気の緩み、少しの状況の変化、少しのトラブルで簡単に5～10％程度のマイナスが生まれるものなのです。

「毎日この商品を10個ずつ売ればちょうど予算達成だから頑張ろう」などと多くの店長は考えるわけですが、そんなの達成できるはずがないのです。

ではどのようにすれば予算は達成できるか。

それはセンター試験の英語と同じです。

100点満点きっちりで準備するのではなく、150点満点を取るつもりで準備をすれば、わずかなマイナスが生まれても120点くらいは確実に取れるようになるわけです。

実はこの方法は机上の空論ではなく、すでに立証済み。

サラリーマン時代に自分が管轄する10店舗ほどで「スタッフにバレないように目標予算をこっそり上げて150点満点にしちゃう」ことをおこないました。もろもろ紆余曲折もあったのですが、結果、全ての店舗が（本当の）予算を大きく達成することができたのです。

私はそのスタッフ管理力・達成力を大きく評価され、サラリーマン時代においてステップアップしていくきっかけとなりました（そこから独立して法人コンサルを請け負うことになったりと少しずつ人生が動き始めました）。

私はこれを**「200点満点理論」**と名付けていますが、その方法を実行するにあたっての注意点をお話ししておきます。

【注意点1】

「本来の予算は絶対に意識しない」

「200点満点理論」を実行する際、**本来の目標は絶対に意識してはいけません。**

本来の目標数値を見てもいけないし、考えることもしてはいけません。

水は低きに流れ、人は易きに流れるものと89ページでも言いましたよね。人は「どうせ本当はこの予算数値だしな」と思った瞬間に崩れ、怠けるものです。これはどんなに意志が強くても不可能です。

人間は誰もが完璧じゃない怠け者であることを自覚しましょう。やるならもうその数値しか見ないことです。日割り目標も個人目標なども全てその数値から算出します。ただ単に「200点満点に設定しておく」ではなく、本気でその目標を達成するように動くから意味があるのです。

【注意点2】

「予算を細分化して行動目標にまで落とし込む」

「200点満点理論」が正しいとしても、絵に描いた餅では達成できません。月の予算を定めて、それを日割りにすること。日割りの予算に対して「何を誰にどのように売れば達成するのか」まで細分化しておくことが必要です。

何度も繰り返しますが人間は弱い生き物です。そして目標とは弱い人間を律するためのものです。律するからには細かく行動を規定せねばなりません。「エイエイオー！」といった類の目標で達成できるなら、目標なんてそもそも必要ないんです。**いつ、どこで、誰が、何を、どのようにするかまできっちり行動目標を決めておかないと動けません。**小学生でも理解できるような簡単単純な行動目標であることが望ましいです。

例えば私がショップスタッフだったとき、「ダウンジャケット」を売って予算達成をしようと考えました。現時点でダウンを一番売っているスタッフから成功事例となる接客トークを聞き、それをわかりやすく整理します。そうして喋る内容をある程度決めておき、「このダウンジャケットの主要購買層である30代男性と思われる人が来店した際、その人がダウンジャケットを触ったら5秒以内にその接客トークを喋る」……と行動を細かく規定しました。

無論、接客は人それぞれで対応を変える必要があるので、必ずしもこうしたルールづけが正しく機能するとは思いません。しかしながら「ダウンジャケットを1日5枚売る」などといったアバウトな目標設定よりは断然マシです。それだけでは人は絶対に動けません。ですが、「いつ、どこで、誰が、何を、どのようにするか」まで全て規定されると、人は面白いように簡単に動きます。

人は動く内容が明確じゃないと動けない。

しかし明確であればあるほど従う方が楽なので、そのように行動するのです。

【注意点3】「実行前に可能な限り与件を洗い出し、それをカバーする方法を考える」

実行前に「こういうトラブルがあるんじゃないか」「こういうエラーが出るんじゃないか」と、ある程度可能な限り考えられる与件を洗い出しておきます。

例えば前述のダウンジャケットのケースなどは、天候に左右されて売れなくなることもあります。たまたま今年の冬が暖冬で晴天続きだった場合、ダウンの動きは思い切り鈍るでしょう。そうした与件のために、「ダウンが難しければ、この商品にシフトする」などの補助策を設定しておくのです。与件の洗い出しがないと「今回は天候に嫌われたね、天気ばかりはしょうがないよね」など簡単に諦めが入ります。

目標を達成できる人は「何があっても達成する」という強い意志の持ち主だけです。与件を洗い出し、それをカバーする方法を可能な限り設定しておきましょう。

最後に書いておきますが、この

「200点満点理論」による目標達成ははっきり言って苦しく大変です。

私自身、これを永遠に続けろと言われたら精神的にも肉体的にもくたびれてしまうでしょう。

……でもそれでいいんです。

私は好きなことを存分に楽しんで生きる人生こそが、充実した生き方だと思っています。

目標数値や予算達成など、そんなものに縛られて生きるなんて真っ平御免です。無論そうした目標に縛られてそれを超えていくアスリート的な生き方が好きな人もいると思いますが、極めて稀な例でしょう。

でも「好きなことをして生きていこう」と言われても、**「好きなことをするために嫌なことをクリアしなきゃいけないターム」**だって世の中にはあるでしょう。

いや、むしろその方が多いはずです。

私自身、今のMBという生き方だって、サラリーマン時代に苦痛を感じながら、それでも目標達成をしてきたから下地が生まれて成すことができたわけです。いきなり好きなことを好きなようにして人生を動かすことができる人なんて、少ないはずです。

多くの人が、嫌いなことをクリアして、嫌なことを達成して初めて好きなことをスタートできるんです。そうした嫌なことをする段階にいる人は、この「200点満点理論」を活用してみてください。

半年、1年など、期間を区切って死ぬ気で頑張ってみてください。

人生の中のたった1年、そんな風に期間を決めたら努力もできるでしょう。そうして頑張って2年目から人生を変えることができるならお安いものです。

目標設定は、自分の理想を想像するところから始まる

前項の**「200点満点理論」**と、未来を設定してから現在を組み立てること（102ページ～）をきちんと理解できていれば、「月10万円の収益目標」とは、そうそうならないはずです。

一度現実を忘れて理想を想像するところから始まる

「現実的に達成可能な目標」ばかりを考えないことです。「昨年並みの数字」「平均収入」などを「とりあえず」と目標設定してしまうと、100点満点をなかなか獲得できないのと同じようにいつまでもそれを超すことができません。昨年もできなかったから今年も、今年もできなかったから来年も、と似たような目標をいつまでも追いかけ、微々たる進化しかできない人生になってしまいます。

そうではなくまず自分の理想を考えてください。
いったん現状を忘れて自分の理想の姿を想像してください。

私は20代の終わり頃に「自分の大好きな洋服について、いろんな人と話したい!!共有したい!!」と思いました。10代の頃、洋服好きな友人は周りにたくさんいたのに、20代も終わりになると皆、洋服のことなど関心を持たなくなり「テキトーな短パンとTシャツ」「休みの日でも仕事用の作業着とデニム」といったスタイルになっていました。大好きな洋服を共有共感できる人がいなくなってしまった……だから私にとっては「日本人の男性の半分程度が洋服に興味を持ち、日常普通にファッションの話をしている世界」が理想です。

そうなるために、ファッションについてのリテラシーを書籍やメルマガなどで広め、「お金がなくても知識がなくても見た目がイマイチでも、誰でも等しくおしゃれを楽しむことができる」と説いています。

そうした理想を追いかけているからこそ、「達成可能に見える現実的な目標」を追いかけてる人たちとは全く異なる成果をあげることができているのです。

ブログのアクセスが150万PV程度しかないのに、年商億超えを実現する成果をあげることができるのです。

月10万の収益なんて微塵も意識したことがありません。


本書を読んでいる人は目標設定で迷ったらもう一度……

「時間は未来から流れている」「200点満点理論」

の2つの項を読み返してみてください。そして何度も反芻してみてください。

最後に今の自分の目的・目標を書き出してみてください。

必ず違和感を覚えるはずです。

ほとんどの人が「現実的に達成可能な目標」を設定し、それを達成できないからとひたすらひたすら毎年同じように繰り返しています。満点を獲得できないのなら、「満点」を100点ではなく200点に設定すればいい。そして200点は自分の理想から導き出せばいいのです。

「未来思考」と**「200点満点理論」**、この2つをきちんと理解するよう努力してみてください。

人生はこの2つで十分に変えることができます。

STAGE 3のまとめ

ビジネスにおける目標とは何なのか

強い願望や欲求を持っている人に目標はいらない

目標には達成・行動・実行、3つの種類がある

物事を達成しやすくするのは「未来の記憶」

数的目標にこだわり過ぎる人は総じて成功しない

目的や目標の置き所で結果は向上させられる

目標設定は自分の理想を想像するところから始まる

STAGE 4

知っておくべきテクニックがある

There are techniques that you should know

「ウェブサイトはPV数を増やすことが
大事じゃないの？」
「人を集めるのがSNSの目的じゃないの？」
「有名人のアカウントに連絡してもいいの？」

SNSは史上最大の発明です。
ビジネスにおいて利用しない手はありません。

ただし、やみくもにPVやフォロワーを増やせば
いいというわけでもありません。
自分が手掛ける事業が重視するのは
客数なのか、客単価なのか。
目的を見極めてからの手段でありテクニックです。

「客数重視型」でいくか「客単価重視型」でいくか、それが問題だ売上は客数×客単価で決まる。

これはどんなビジネスでも共通します。

また、言い換えれば**全てのビジネスは、大雑把ではあるが「客数」を重視するか、「客単価」を重視するか、で区分できます。**

私がMBという事業を構築するときにも、この2つに着目しました。

はたして自分が手掛けるべき事業は

「客数重視型」なのか

「客単価重視型」なのか……。

出た答えは私の場合、「客単価重視型」でした。

ぶっちゃけて言ってしまうと、2019年8月現在、弊社の年商は億を超えています。そして弊社の売上の大半は「MB」としてのビジネスです。

さらにMBというビジネスはブログ「KnowerMag」が根幹にあるだけで、そこから枝分かれ的に有料メルマガやオンラインサロン、各種コラボ品などの物販やトークショーなどがあるのみです。

つまり集客の大もとはブログからとなるわけですが、実はブログのアクセス数は150万PV程度。大きな数字ではありますが、しかしながら大学生の個人ブログでもこの程度のアクセス数を持ってる人はゴマンといます。決して特別秀でたものでもないし、私自身、自慢できるほどの数字ではないと思っています。

ただ自慢できることがあるとすれば

「たった150万PVで年商億超えの企業運営ができている」ことです。

これはかなり稀有な例、前述の大学生ブロガーなどはせいぜい年に1000万円くらいのものでしょう。年商億超えなど、ほぼ絶対に到達できないはずです。

なぜこんなことができるのか……

それは私が**「客単価重視型」として事業を構築している**からです。

GUからマルジェラまで語る世界で唯一の成長型メディア

細かく言及すると1時間35万円もの金額で開催している私の法人セミナーと内容が被ってしまうので少しボカして説明しますが……

私は**「顧客の成長構造」**を基に事業を構築しています。

私の有料メルマガには世界でたったひとつ、ONLY ONEで優れたところがあります。それは「読者の成長度合い」です。

メルマガでは1枚900円のGUの服から、なんと1枚30万円以上のハイブランドの服まで話題として扱っています。最初はファッションへの入り口としてGUやユニクロなどの格安服を提案しますが、そのバックボーンにあるハイブランドの説明も必ずします。

ファッションの世界はトップダウンでトレンドが波及していく構造となっているので、GUやユニクロなどの量販店で打ち出されるデザインの背景には、パリやミラノなどのコレクションで発表されたハイブランドの影響が100%必ず働いているのです。ここを極めて論理的に順序立てて説明し、「なぜ今これを着る必要があるのか」を語っているのが、私のメルマガです。

ぶっちゃけ「それなりにおしゃれになる」程度なら「ユニクロとGUのこれとこれを着てくださいね」という指示で終わっていいはずです。しかし私はそれだけにとどまりません。それだけだと顧客の成長に繋がらないからです。ユニクロとGUの裏にある海外メゾンのデザイナーたちが考えている論理性や構築性を紐解き、極めてわかりやすいカジュアルな言葉で表現しています。

するとどうなるか。

顧客はユニクロやGUから先に進もうとするのです。

「ユニクロとGUのこれとこれを着てくださいね」という指示ももちろんメルマガにはありますが、ほとんどの人がそれで満足できなくなります。より本質に近づきたい、より面白い世界を見てみたいと成長していく構造が、このメルマガには実は隠れているのです。

実際、私のオンラインサロンの会員さんの中には、「3年前まで洋服のことなんて何も知らなかったけど、今は1枚数万円のマルジェラを頑張って貯金して買ってる」なんて人が少なくありません。

インスタントにおしゃれを提示するのではなく、GUから入っておしゃれの最終着地点である海外トップメゾンの服を理解できるまで成長させるのが、私のメルマガがONLY ONEである理由です。

ここには絶対の自信を持っていて、本当の意味で**「おしゃれを教えるメディア」は世界で私のメルマガだけだ**とさえ思っています。

……さて、これがなぜ「客単価重視型」のビジネスになるのかは、次項で説明しましょう。

強い感情を
生み出せば生み出すほど、
ビジネス的には
対価を得られる

根本的な構造としてビジネスは**「どれだけの人々にどれだけ幸せな感情を与えたか」**で対価が決定されます。

例えば我々は洋服を買うときに布と糸に対してお金を払っているわけではありません。もし布と糸に価値を見出しているなら着用する必要なんてないはず。家に飾っておけばいいだけの話です。

強い感情が高い客単価を生み出す

では何にお金を払っているのか、それは「洋服を着用したときの感情」です。「それいいね」「格好いいね」「素敵だね」……そう褒められたときに得る感情、これにお金を払っているのです。

食事も同じです。タンパク質やビタミンにお金を払っているのではありません。口にしたときの「おいしい〜」という幸せな感情、ここにお金を払っているのです。

つまり、

強い感情を生み出せば生み出すほど、ビジネス的には対価を得られる構造になっているのです。

これは社会が生み出した揺るぎない構造です。覚えてください。

私は資金力もないし、大手企業との繋がりもありません。「集客」にはたいがいお金が必要ですから、集客は望めません。

ではたったひとりの個人がどのようにして事業を構築するべきか。

そこには「客単価」という答えしかありません。

そして「客単価」はどのようにして上がるのか。

それこそが、**「強い感情」**です。

「洋服を教える」という題材で強い感情を与えるためには、人生を変えるほど成長してもらうほかありません。私のメルマガは前述の通り、読めば読むほど海外のデザイン論やブランドの系譜、各国のファッション傾向など深い部分まで理解が及び、

「圧倒的な成長」を望むことができるようにしています。GUから入ってマルジェラに到達できるくらいの成長……だからこそ「150万PVでも億超え」という大きな客単価を生むことができるのです。

客数型か客単価型か定義できなければ策を誤る

では逆に**「客数重視型」**のビジネスとはどのようなものでしょうか。

それはユニクロを例に挙げられます。ユニクロはデザインのクセをなくし、誰もが着用できるサイズ感を実現し、どんな人でも手を出せる価格設定を作り、客単価よりもとにかく客数を大事にしています。老若男女誰でもが入ってくれるように。リピートしなくても複数枚買わなくても、とにかく集客を高く高く……とするビジネス。

これは**「薄い感情をなるべく多く集めて売上を作っている」**わけですね。

この**「客数重視」**か**「客単価重視」かの定義**は非常に重要です。

自分のビジネスがどちらなのか定義していないと迷ってしまうことになるからです。例えば「ユニクロがやってるから、これが間違いないだろう」と大手の真似をしてもうまくいかないことがあります。それはそもそも「客数」と「客単価」、注力している部分が違うから真似しても意味がないわけですね。

また、通販サイトのデザインなどは大手を真似する傾向にありますが、そのほとんどが実は間違い。「客数重視」と「客単価重視」では、そもそもの構造が異なるから、表現するサイトデザインも変えなければならないはずです。自分を定義できないと、参考先を間違えてしまうわけですね。

あなたが今やっている仕事は、またはこれから手掛ける仕事は、

「客数重視」ですか？
「客単価重視」ですか？

そして、**顧客にどの程度の感情**を与えようとしていますか？

客観的に自分の事業を分解・観察してみてください。
ネット上の事業は特に「集客」ばかり考える人が多いですが、実は年商が億を超えるのに150万PV程度でも事足りるんですよ。

SNSの「炎上」は最大の集客方法である

ネット上で日々見られる「炎上」。

堀江貴文さんなどを筆頭に、日常的にSNSが燃え続けている有名人・芸能人はたくさんいらっしゃいます。そうした方のフォロワー数をぜひチェックしてみてください。**炎上が日常的である人ほど圧倒的なフォロワー数を持っているはず**です。

「炎上」は最大の集客方法である

実は炎上は何よりの集客方法です。

人は感情で動くもの。もし人が感情ではなく理性により理知的に動く生き物ならば、あなたが忘年会で二日酔いになることはないし、アダルト動画に多くの時間を費やすこともないでしょう。

感情を刺激することは人を動かすことに繋がります。これはネット上の集客だけでなく一般的なビジネスでも同じことがいえますね。

レストランではおいしい!!　と「強い感情」を喚起させることが満足度を上げリピート率を高めます。

また、ご存知の通り「強い感情」にはポジティブなものとネガティブなものがあります。おいしい!!　というポジティブな強い感情はリピート率を高めますが、クソマズイ!!　というネガティブな強い感情を与えたら、「二度と来るものか!!」と強い決意と行動を喚起させます。

「ポジティブな感情を与えればリピートしてくれる」「ネガティブな感情を与えれば二度と来なくなる」

いずれも行動の引き金となるわけですね。

無論「普通」では感情の刺激がゼロですから、特別な行動を起こすことはありません。この構造をまず理解してみてください。

「人は感情で動くもの」です。


レストランなど一般的なビジネスにおいては「ポジティブな強い感情」を与えることが成果に繋がるわけですが……しかしながらSNSは別です。

怒りや憤りなどネガティブな感情が成果に繋がることが往々にして有り得ます。

SNSでは「他人を怒らせる」ことが炎上のきっかけになります。


「怒る」とは他人を自分の思うままに動かしたい、自分の意見に従わせたいとする感情です。母親は怒って子供をしつけ、先生は怒って生徒を指導し、上司は部下に怒鳴って行動を正させます。「怒る」とは「自分の意見に従わせよう」とする心の動き、つまりSNSでは誰かを怒らせるような発言をすれば炎上します。

感情を刺激し怒らせれば、人は「自分の意見に従わせたい」と、さまざまな言葉を書き込んで拡散してくれるわけですから。そうして怒る人が多ければ多いほど、バイラル（感染）的に話題が広がり、結果多くの人の目に触れるようになります。

「Twitterが炎上するほどメルマガの登録者数が増える」

「コメント欄が燃えれば燃えるほどYouTubeのチャンネル登録者数が上がる」

なんてことが起こるわけです。

〝炎上マーケティング〟というものは実際にあるし、確実に成果を出す合理的な方法でもあるのです。

無論いくらSNSでもデタラメに炎上させてしまうことがビジネスの成果に繋がるわけではありません。「バカ、アホ」など、どうしようもない罵詈雑言でサービスに登録してくれるほど世の中の人は無思考ではありません。

堀江さんなどは理想的な炎上のさせ方だと思いますが、自分の主張をやや過激な表現にして感情を刺激するように投稿されています。彼の主張は合理主義の塊であり、決して単なる罵詈雑言ではありません。丁寧に優しい言葉で説明すれば、おそらく誰もが理解納得できるほどの正論を発しているのですが、その表現が過激だからこそ、異なる考えを持つ人の感情を刺激して炎上するのです。

しかし炎上しても、よくよく読めば理にかなっているところが多く、拡散されていくうちにその正当性に惹かれる人が生まれ、サービスに登録する人が出てくるわけです。

彼が毎日毎日炎上するのはビジネス的にも正しいことであって、つまり**堀江さんが憎くて炎上させている人は堀江さんのビジネスに最大限加担している**という、なんとも皮肉な構造ができているのです。

Twitter や Facebook など

SNSは本来「ツール」である

～人生を変えるSNSの活用法その1

TwitterやFacebook、Instagramなど、皆さんSNSを活用していますか？

ここでは今や誰もが使うSNSについて、本当の活用法をお教えします。

目的なき行動は意味を成さない

ずいぶん前の話になりますが「SNS活用セミナー」みたいな催しに縁があって出席したのですが、これがまぁ〜、酷かった。

「積極的にフォローしてフォロワーを集めましょう」

「有名人のツイートをRTすると目立ちやすくなります」

「色を使った目立つプロフィール画像を意識しましょう」

などトンデモない内容ばかりのことを教えていました。

……これがいかに間違っていることか、皆さんおわかりになりますでしょうか？

TwitterやFacebookなど、SNSは本来「ツール」のはずです。

「何か」を表現するための媒体として存在するのがSNSです。

例えばビジネスであれば何かいい商品やサービスを宣伝するため、例えば自分の趣味や好きなことなど自己表現してファンや同志を集めるため、皆誰もが何らかの「目的」のために、SNSという「手段」を使おうとしているわけです。

「やみくもに人を集める」ためにSNSをやっているのではありません。

今、

「え？ 人を集めるのがSNSの目的じゃやないの？」

と思った方は間違ってます。

確かにSNSは人を集めるツールですが……そもそも「人を集めること」の上位目標がなければおかしいでしょ？

何のために人を集めるんでしょうか？

意味もなく人を集めるわけもありませんよね？

ビジネスでも趣味でも「何らかの目的」があって始めるからには「人を集める」理由が存在するはずです。**その上位目標を無視して、手段である「人を集める」ということに終始しても意味がない**ですよ、という話です。

そもそものビジネスが「万人に刺さるように」構築されているのだったら、無作為に集めても問題はありません。

ですが、多くのビジネスには「ターゲット」が存在しています。そのターゲットから外れるような人を集めまくっても、その人たちは事業に何の恩恵ももたらさないでしょう。私であれば大人のメンズファッションの指南をしているのに、ひたすら女子中学生のフォロワーを集めても仕方ないわけですよね。

だから私は大人の男性に響くような下ネタをＴｗｉｔｔｅｒでさんざ、つぶやいたりしてるわけですが（趣味でもあります）。

目的なき行動は意味を成さない。

これをまず、よく覚えておいてください。

価値のない10万人より、価値のある100人

繰り返しますが、**SNSとはあくまで「手段」**です。

例えば趣味で「自分の好きなものを共有できる友達が欲しい」と思っている人も同じこと。やみくもにフォロワーを増やしても目的達成にはなりません。

きちんと自分の好きなこと、自分の思っていることなどを自己表現しなければなりません。そこに惹かれて集まってきてくれた人こそがファンや友達、真のフォロワーといえる人たちです。むやみに集めた10万人の有象無象よりも価値があるでしょう。

私は洋服に対する考え方やビジネスに対する観点を、時にＴｗｉｔｔｅｒでつぶやきます。単に人を集めるだけならそんな小難しいことを書くよりも、「有名人の浮気がどうの」といったツイートをする方が余程簡単です。

でも**「数」より「質」**です。自分の価値観や考え方に惹かれて集まってきてくれた人こそに価値があるのです。そうした人たちは最終的にいつまでも私のコンテンツに触れてくれて、価値や時間や空間を共有する真のフォロワー、ファン、顧客、友達になってくれるのです。

もちろんＳＮＳを活用するとき、ただ自分の考えを書くだけで人が集まるのならばこれほど楽なことはありません。時には「人を集めよう」とする行動も求められるでしょう。

ただしこのときも無作為に集めようとするのではなく、例えば洋服屋さんなら「競合他社のフォロワーが反応するように」とか「趣味や好みが共通の人をある程度セグメントして、その界隈で有名な人をＲＴする」などの目的意識が必要になってきます。

今一度言いますが、必要なのは「目的ありきの行動」なのです。

そしてもう1つ、重要なのが

価値のない10万人よりも、価値のある100人の方がずっと貴重

であるということです。

この感覚は10代～20代前半のSNSネイティブ世代には染みついていますが、20代後半～30代以上の世代からは、「数を集めるもの」という認識がまだまだ抜けていません。

10代の子のSNSを見ていると顕著にその違いがわかります。彼らは無駄に人を集めようとしません。限られた10人を「仲間」とみなし、手厚く対応しようとします。わずか数十人しかフォロワーがいないのに、物販をやってお小遣い稼ぎが成立している例も少なくありません。

ところが我々30代以上の世代の場合、日常で規模感のある仕事に慣れ過ぎていて「とにかく数を集めなければ始まらない」と、目的意識を失いがちなのです。

もう一度繰り返します。

・目的なき行動は意味を成さない

・価値のない10万人より、価値のある100人

これを念頭に置いておくと、やるべきことが明確になるはずです。

仕事でも趣味でも、SNSを活用されている方はもう一度考え直してみてください。

SNSの最大のメリットは誰とでも連絡が取れることにある

～人生を変えるSNSの活用法その2

さて、SNSの活用法をもう1つお教えしましょう。

SNS最大のメリットを私は、**「誰とでも連絡が取れる」**ということにあると考えています。

例えば有名人・芸能人・スポーツ選手・アナウンサー・実業家・上場企業の代表……そうした人たちに気軽に連絡が取れるのがSNS最大のメリットです。冷静に考えてみて、これって凄いことだと思いませんか……？

SNSは「史上最大の発明」である

ひと昔前であれば芸能人や有名人との連絡は「ファンレター」くらいしかありませんでした。会話をするのもライブ会場で「好きだー!!」と叫ぶことくらいしかできませんでした。秒単位で動く上場企業の社長に直談判するには、本社の前で何時間も待ち構えて、社長が来たところに「1分だけ時間をください!!」と頭を下げるほかありませんでした。

それがSNSならボタン1つでほぼ確実に届けることができるのです。こんなに自由な時代になると誰が想像したでしょうか？　とんでもない発明です。しかし極めて残念ながら、この史上最大の発明をほとんどの人は活用していません。

なんと、もったいないことか。

もし貴方がいいサービス、いい商品、自信のあるビジネスを展開していて、「なかなか世の中に広がらない」と悩んでいるなら、今すぐこのメリットを活用すべきです。影響力のある方に連絡し、物やサービスのいいところを可能な限りの短文でプレゼンし、仲間にすべきです。

そもそも**「いいモノを作る」と「モノが売れる」はイコールではありません。**

いくらいいモノを作っても、世の中に届かなければ無価値になってしまいます。しかし集客は基本的にお金と手間のいずれかがかかるもの。せっかく「モノ」を開発しても、次に「集客」という難問が待ち構えます。

多くの事業者はこの2つのハードルを越えることができず、自滅していくわけです。

ところが SNSを活用すれば「集客」をいとも簡単にクリアできるかもしれません。

有名人や芸能人など、その世界で影響力のある人に宣伝してもらえればいいのですから。

「そんなに簡単に反応なんてしてくれないだろう？」と思う人もいるでしょうが、じゃあ逆に聞きますが、貴方はこれまでにそうしたＳＮＳの活用をしたことがあるのでしょうか？

私は何度もあるし、周りでもそうした活動の成功事例はいくつも聞いています。机上だけで「できない」と考え行動を取ろうとしないのと、「できるかもしれない」とトライを繰り返すのと、どっちが未来があると思いますか？

行動しなければゼロだけど、行動したら少なくともゼロではないのですよ。

「他人目線」の行動が相手を反応させる

それに、反応しやすくするテクニックなんていくらでもあるでしょう。

例えば、書籍を出している著者さんなどならば「貴方の本を50冊買いました。その見返りとは言いませんが、どうかこのメールに目を通してみてください。そしてもしよければ返事をください」と言われれば、かなりの割合で著者さんは反応してくれるでしょう。著者にとって気になるのは「直近で発売した本の売れ行き」です。発売して2年も3年も経った本ならこの行動は意味を成さないかもしれませんが、出版したての本の話ならきっと著者は乗ってくるはずです。少なくとも悪い気はしません。

「相手が何を望んでどんな状態なのか」を自分なりに想像して、それに対してメリットを植えつけるようにすれば、反応させるのは比較的たやすいでしょう。

言い換えれば

「他人目線」の行動をしろ

という話ですね。

反応したくなる行動はなんだろう、と他人目線・相手主体で考えて、それを実行することです。無論、本人ではなくマネージャー管理のTwitterアカウントなどもあるし、あまりにも大物の場合はこの手じゃ反応させることはできないかもしれません。しかし、トライする価値はあるでしょう。

大物でダメなら、もうひと段階影響力の低い人に声をかけてもいいかもしれません。そうしたことがボタン1つで簡単にできるのがSNSの大きなメリットです。**もちろん迷惑をかけるようなスパム的行動は控えなければなりません。**その線引きには十分注意してください。

実はこの手の成功例は私の周りに山ほど転がっています。

私はTwitterで公言している通り、セクシー女優の椎名そらちゃんの大ファンです。彼女の顔だけでなく滲みでる内面が大好きで、どうにか同じ価値観を共有できないかと考えました。そうして今、私と彼女とはコラボが決まっていますが、その最初のきっかけはSNSでのやり取りです。

私のアシスタントは私の大ファンでした。メルマガもブログも穴が空くほど読み、イベントにプレゼントを持ってくるような熱烈なMB「信者」でした。

彼と一緒に働くきっかけになったのもやはりSNSです。私にメールを送ってくれて、それがきっかけで今も一緒に働いています（そのとき彼がとってくれた「相手目線」の行動に心を動かされ、私は一緒に仕事をするようになりました）。たった一通のDMから彼の人生は大きく動き出すこととなったわけです。

新潟の魚沼で農家をやっていた私の先輩もこの例です。

有名な「魚沼産コシヒカリ」は、実際の生産量の10倍流通しているそうです。つまりほとんどが偽物。これでは一生懸命おいしいお米を作っている周りの農家さんたちが浮かばれません。流通量が原因で市場価値は下がり、一生懸命な農家さんたちに来るはずの利益が偽物をかざす誰かのもとへ流れてしまっているわけです。これではいけない、と一念発起した私の先輩は、影響力のある誰かにこの現状を訴えようと考えたそうです。

そこで目をつけたのが日本再生を謳う事業を展開する「リバースプロジェクト」。俳優の伊勢谷友介さんが代表を務める会社です。彼は直接伊勢谷さんにメールを送り、現状を訴えたところ、なんと返事が返ってきたのです。

そして今、彼は伊勢谷さんの会社で重役となっています。

たった一通のメールが彼の人生を大きく変えたのです。

SNSを無駄遣いする人たちへ

さてあなたはSNSを活用していますか？

Twitterを見ればなんということでしょうか。史上最大の発明であるSNSを愚痴や悪口や答えのないエゴや理屈のぶつけ合いなどで消耗してしまっている人がなんと多いことか。目についた自分の考えに反する人にネガティブな反論をぶつけ、正当性を主張し自己満足を得る毎日。

なんという人生の無駄遣い、なんという意味のないやり取り。

そんなことよりも今一度、前述を読んでみてください。こんなにも可能性のある

SNSを、どうして無駄遣いできましょうか。

ちなみにネガティブな発言をする人は今すぐやめた方が賢明です。

あなたがやってるネガティブな発言は誰が見ているとも限りません。

「バカッター」をバカにして罵詈雑言を投げる人も、私からすれば同じように「バカッター」です。もちろん悪質な「バカッター」などの問題行動は放置できないかもしれません。しかしながら、だからといって弱い者イジメのように人を簡単に罵ったり、汚い言葉を書き連ねたりするべきではありません。

なぜか？

それは「見られている」からです。

あなたのブランディングはそうしたひとつひとつの言葉でどんどん堕ちていきます。

そうした行動が前述のようなSNSの有効活用を阻害するのです。

例えば私だったら、「雇ってください」と言ってきてくれた人の普段のツイートが「クソガキ、早く●ねよ」なんてものだったら「そっ閉じ」します。

SNSは現実社会と同じ「誰かに見られているものである」という認識を忘れないでください。あなたは現実社会で他人がいる場所でも「クソガキ、早く●ねよ」と言えますか?

もしあなたがSNSのメリットを享受したいのなら、そうした罵詈雑言やネガティブなツイートはやめるべきです。

SNSは社会そのものなのですから。

ボタンひとつで人生を変えることができる、史上最大の発明であるSNS。

有効活用しない手はありません。

STAGE 4のまとめ

知っておくべきテクニックがある

- 事業の前に「客数重視型」か「客単価重視型」の定義をしよう
- 客単価を上げるものは「強い感情」である
- SNSの炎上マーケティングを理解しよう
- TwitterやInstagramといったSNSもまたツールである
- SNSでは目的ない行動は意味を成さない
- 価値のない10万人より価値のある100人を集めよう

STAGE 5

いかに正しく、いかに効率よくビジネスをするか

How right and how efficiently do business

「MBさんのようにメルマガ配信すれば
うまくいきますよね？」

「いいモノだったら売れるはずですよね？」

「他社で成果が出た方法だから
取り入れるべきですよね？」

これもまた今までに何度となく受けた質問です。
こうした単一的な思考でビジネスがうまくいくわけがない。

皆と同じようなことをしていたら
同じような結果しか出せないと心得てください。
結果は行動から生まれます。
異なる結果を出したければ
異なる行動をしなければならないのです。

いい流れに乗るための3つの法則がある

時間は有限、友達はバランス感覚を持って選ぶべき

「人は環境で成長する」と言いますが、これを私はより正確に

「いい流れのある環境に身を置くことが成長に繋がる」と理解しています。

バイトで無為に働いても年収は上がらないけれど、上場企業で働けば私のようなバカでも年収は上がるのです。しかしこれは無論、「今から上場企業に転職しなさい」という非現実的な主張ではありません。

もっと簡単に流れに乗ることはできます。

ここではそのための**3つの法則**をお教えします。

1／独学で勉強するのはやめなさい

独学で勉強して研究して事を為すのは、流れを引き寄せる行為と同じです。余程の信念がなければ難しいでしょう。

それよりも……

2／仕事のできる人が多いコミュニティに入りなさい

ある程度の年収やある程度の地位を確立している、いわゆる「成功者」が多いコミュニティに身を置きましょう。

机に向かって、まわらない頭で1年勉強するよりも、すでに成功を収めている人から実体験を5分レクチャーいただいた方がはるかに有益です。

私が周りを見る限り**「独学にこだわって失敗する人」はとても多い**のですが、能力も才能もないと自覚しているのにどうして独学にこだわるのか理解できません。

成功している人がいるなら、その人に聞くのが何より強いはずでしょう？　だってその人はすでに「お金の流れを得ている」のだから。仕事のできる人が多いコミュニティは、探せばこの世にあふれています。

例えば経営者向けのセミナーなどでもいいでしょう。一般の方でも参加できるセミナーなどは、探せばいくらでもあります。思い返してみれば、私はいつもそうした流れに乗る行為をしていました。


私は元々プロミュージシャンを目指していたので、大学生のときに学内の音楽サークルを片っ端から見学に行きました。でもどれを見ても「ここに入ったらプロになれる」「上達する」感覚が起きませんでした。皆楽しそうにはしているけれど、趣味の延長として楽しんでいる人ばかり。実際、地元駅前のライブハウスに行けばサークルの人たちより上手な人がゴマンといたものです。

そこで私がとった方法は**「最も難しいジャンルで演奏している人たちの中に入ろう」**というものでした。

私が選んだジャンルは「ジャズ・フュージョン」。こうした技巧派の音楽を選び、大学生活の間にプロ並みの演奏力を身につけようと考えたのです。それも同年代の中に入っていたら意味がない、自分より年上の人たちの中に入れてもらおうと思いました。そうしてメンバー募集などの掲示板から、ピアノの先生が趣味でやってるような達人たちのいるジャズバンドに入りました。

「君下手だねえ」となじられながらも頑張った結果、同年代の中ではかなりのテクニックを得ることができました。

流れを自分で引き寄せるには途方もない努力が必要ですが、**流れているところに身を置けば才能がなくてもそれなりに成長できる**いい例です。まあそれでもプロにはなれなかったけどね(笑)。芸術の世界はさらに厳しい……。

社会人になりショップスタッフになってからも、この意識はありました。周りの同僚に悪い人はいなかったけれど、流れを持っている人ではありませんでした。ここで満足していたら人生は何も動かないと思い、当時新潟に住んでいましたが、東京まで行き、経営者が受けるドラッカーのセミナーに自腹で参加していました。10も20も年齢が違う経営者や部長クラスの人たちと話し、グループワークをこなしたことで、自分の視点や認識を大きくアップデートできました。流れの中に身を置くことで自分を成長させることができたのです。

「自力で勉強する」よりもはるかに、「いい環境を探す」ことの方が重要です。セミナーや異業種交流会、会食の場、有料のオンラインサロン……なんでも構いません。流れている場所に身を置くことを今すぐにしてみてください。

子供の頃を思い出してみてください。自宅で勉強するのと塾で勉強するの、どっちが捗（はかど）りましたか……？

答えは明白なはずです。

3／友達は選びなさい

これは「無益な友人はバッサリ切りなさい」と言ってるわけではありません。無論そうした方が合理的なのでしょうが、私はそこまで非情になれません。

大学時代に一時期、アダルトビデオショップでアルバイトをしていました。そこは荒くれ者の集まり、40過ぎた独身フリーターや明日食べるものに困ってるような人もいました。でも皆、気のいい人たちばかりで私はそのコミュニティが大好きでした。今でも付き合いのある方もいます。

私の就職が決まったら「えええ!! 就職決まったの!! じゃあ皆でパーティーしようぜ!!」と朝まで飲み明かしたものです(「就職」は彼らにとって一大卒業イベントなのです)。住んでいる公営住宅で、買ってきたコンビニ酒と缶詰で、パンツ脱いで下ネタでゲラゲラ笑って……人生でベスト10に入るくらい楽しい飲み会でした。

こうした人たちを「バッサリ切って」人生何が楽しいんだ? と私は思います。成長するためだからと好きな人を無為に切るほど非情になる必要はありません。

しかしながら**「バランス」は大事**です。

時間は有限です。

夕食は30年間で1万回程度しかありません。誰と一緒にディナーをするか、誰と一緒にお酒を飲むか、たった1万回という限られた時間をどう使うかが重要です。「好きな人とひたすら1万回食事する」のも人生の選択ですが、そこはバランスを取ってもいいのではないかなと思います。

例えば、好きな人とも過ごすけれど、自分の成長に寄与する人と付き合う時間もきちんと作る。

ゼロかイチかで決めるのではなく、こんな風に「時間を賢く使う」「相手を選ぶ」ことをしてもいいのではないでしょうか。気のおけない友人と飲んで語らう時間もあれば、経営者や成功者などと会って話し、自分の視点の低さを痛感し、成長を促進する時間もあっていいはずです。

私は、20代後半のサラリーマンだった時代、属していた会社が大手企業にM&Aされることになりました。自社の10倍以上も年商がある企業、900億くらいだったかな……その企業の代表が来社して100名ほどで懇親会をすることになりました。

私は真っ先に代表の前に座り、2時間みっちり話を聞きました。900億円稼ぐ企業の代表と喋る機会なんてこの先絶対にないだろう、と思って、その席を選びました。「面倒なこと言われたら嫌だな」「ぶっちゃけ帰って、どうぶつの森やりてえな」と内心思ってましたが、まあ2時間の我慢だし経験だと思って頑張ろう、と人見知りな私ですが一生懸命喋りました。結果ここでは書けないような、さまざまなことを教えてくれました。今でも私の大きな蓄積になっています。

こうした流れに乗るチャンスは必ずどこかであります。

その流れにきちんと乗ることです。

「好きな人」と過ごす時間はとても大事ですが、何事もバランスが必要です。成長させてくれる流れに乗る時間も定期的に作り、友人や付き合う人を選ぶようにしましょう。

1／独学で勉強するのはやめなさい
2／仕事のできる人が多いコミュニティに入りなさい
3／友達は選びなさい

少々シビアかもしれませんが、ぜひ心がけてください。

月額５００円の有料メルマガ読者を１万２千人も集められる本当の「差別化思考」

皆と同じようなことをしているから、皆と同じような結果しか出せない。

小学生でも理解できる話、極めて当たり前の因果です。

結果は行動から生まれます。

異なる結果を出したければ異なる行動をせねばならない。

誰でも知ってる当然のことなのに、どうして多くの人は「皆と同じような行動」ばかり選択するのでしょうか。

あなたがいくら頑張っても平均所得を超えられないのは、あなたがどんなに辛い想いをしても豊かになれないのは、そもそも「皆と似たような行動」に原因があるのです。

既存のアパレルとは真逆を考えた「差別化思考」

私はどうして無名の存在から、累計１００万部超のヒット書籍を生みだすことができたのか。
私はどうして超絶低月給のショップスタッフから、年商億超えの社長になれたのか。

もちろんそこにも

「他人と違う行動」があったからです。

この仕事を始めてから「MBさんはどうしてメルマガを始めようと思ったんですか?」と聞かれることがたいへん多いです。私のメルマガは日本最大のメルマガ配信スタンド「まぐまぐ!」で、有料メルマガの金字塔・堀江貴文さんのメルマガの読者数を超えたりもしています。

読者総数は1万2千人を超えており、メルマガの購読料は月額500円ですから、諸々の手数料を引いても実に毎月400万円近くが手元にはいってきています。

これを聞いて**「そうか、メルマガは儲かるんだ」**と思い、着手した人には、もれなく絶望が待っています。

今やメルマガなど斜陽産業、とりわけ有料メルマガは「まだそんなジャンルがあったの!?」と思えるほど、古臭いものです。

MB以降、量産された有象無象の**「MBパクリブロガー」**の中にも、有料メルマガや有料ブログなどに着手されている方もお見かけしますが、一人たりとも成功事例を見た記憶がありません。

「有料メルマガが成功しやすいからMBが成功した」という論でないことは余りにも明白です。

だからこそ多くの人は「どうしてわざわざメルマガなんですか?」という問いかけを私にしてくるのでしょう。

ではなぜ私はメルマガでファッションを語ろうと思ったのか。

これはビジネス思考の訓練です。

ここから先を読む前に「どうしてMBは有料メルマガを媒体に選んだのか」を一度考えてみてください。

……さあ答えが出たでしょうか？

「なるほど！　他の人は手をつけないものだから、差別化という意味で〝あえて〟メルマガにしたんですね！」

そう思った方は残念ながら不正解です。確かに有料メルマガは斜陽産業、手掛ける人が少ないため「差別化」といえば確かにそうでしょう。しかし成功するためには「単なる差別化」だけでは足りません。

必要なのは「理屈を伴った差別化」です。

例えばおしゃれで考えてみると理解できます。

「おしゃれは差別化」と考えれば「緑に赤に青にピンクに、様々な色を使ったハチャメチャな服装」も、人と違うという意味では差別化に違いありません。

ですが、そうした服装を果たして多くの人は「おしゃれ」として認識するでしょうか？

……するわけもありませんね。

客観的に理解できる範疇でなければ、「差別化」ではなく「でたらめ」になります。

「差別化」と「でたらめ」は似て非なるものです。

ビジネスも「差別化だ差別化だ」と言って、人が来ない過疎地に商業看板を出しても広告費が無駄になるだけでしょう？

でも「理屈がある差別化」は通用します。

例えば「アニメの広告を秋葉原に出す」

これは普通だけど……

「アニメ系のイベントをやってる会場の電車通過点にある安い土地に大きな広告を出す」

とかね。


皆がこぞって出しているところは、値段も高いし埋もれてしまい広告効果も半減する。でも、誰も出していない過疎地だけどターゲット層が確実に通る場所に広告を出せば費用対効果は抜群によくなるはず。

同じ「過疎地に商業看板を出す」という差別化行為も、でたらめかそうでないかは「理屈」が決めてくれるわけです。


理屈が通っていても多くの人がやっていることでは効果は薄い。

誰もやっていないことでも理屈が通ってなければこれまた効果は薄い。

つまり、

「理屈が通っていて、誰もやっていないこと」が「差別化」となるのです。

「誰もやってないから有料メルマガをする」は「理屈がない」ので不正解なわけです。

ではMBが有料メルマガを始めた理屈は何か？

前述の通り私は「既存アパレルがターゲットとしているところと真逆」を顧客とする道を選びました。おしゃれな人を狙う既存アパレルに対して、私はおしゃれじゃない人を狙っているわけです。真逆に客層がいるのならば、アプローチも真逆にせねばなりませんね？

おしゃれな人は感覚で理解します。だからこそ格好いい写真や説明少なめの雑誌で十分なわけです。しかしおしゃれじゃない人はそれを見ても理解できない……つまりこのアプローチでは届かないのです。

真逆の客層を得るには真逆のアプローチをせねばならない。つまり……

おしゃれな層が写真を好むなら、
おしゃれじゃない層は文章を好むだろう。
おしゃれな層が感覚を好むなら、
おしゃれじゃない層は論理を好むだろう。

こうしたそれぞれの対比を見据えた結果、「文章で論理的に解説するファッション」というアプローチを思いつきました。それに適した媒体として「文章で表現するメルマガ」を選んだわけです。

無論、他にも有料メルマガを選んだ理由はありますが（直接メールが送られてくることで、ONE to ONEのような近しい存在に感じてほしかったなど）、大きくはこの通りです。

ビジネス・
経営にとって
何より大切なのは
「顧客の定義」である

いかなるビジネスでも、いかなる仕事でも、必ず**最初に「誰が顧客なのか」を定義しなければ始まりません。**

自分が相手にしている人は誰なのか、どこに住んでいて、どんな志向を持っていて、どんな考え方で、どんな環境にある人間なのか、それを定義せねばなりません。

ビジネスは喜ばれることを目的に展開しなければならない

人生も恋愛もファッションも全て「相手」がいて成立するものです。相手が誰かわからないのに恋愛を始める人がいるでしょうか？

「誰」を定義しないまま「女子にモテたい」なんて言う男性は、たいがいいつまでたっても彼女はできないし、結婚もできません。自分が相手にすべき人はどんな人なのか、それを定義するから、その人がいる場所に行き、その人が好むアプローチをおこない、その人が喜ぶデートに連れていけるわけでしょう。相手も定まらないまま希望や願望だけを想像しても、それは夢のままで終わるでしょう。

ビジネスも同じです。誰が相手なのかを定義しなければ、仕事などできるわけもありません。

なぜなら物事には「誰もが喜ぶ絶対的価値」など存在しないのだから。

どんな商品でもどんなサービスでも**「ある側面では喜ばれるけど、またある側面では嫌われる」**のだから。

あなたは**喜んでくれる人を相手にビジネスを展開しなければならない**のです。

そのためには何より**「顧客の定義」**が重要なのです。

前項の有料メルマガのくだりからもわかるように、私はまず「誰のために仕事をするか」「誰を喜ばせるか」という「誰」をまず最優先に考えました。

どこにいて何をしてどんな行動をしてどんな考え方をしてどんな家族環境でどんなことにフラストレーションを抱えているのか……。

自分が相手にするお客様のことを想像しないで「差別化」ばかりを考えると、ついつい「でたらめ」になるものです。理屈を導き出してくれるのはいつも「お客様」です。

自分が対象とするお客様をまず定義しましょう。
「顧客の定義から事業は始まる」……これはドラッカーの論です。
クラシカルな経済観念ですが、核心を衝いていると思います。

私はひたすらおしゃれじゃない人を想像しました。

毎日何を考えているのだろう。
TVは何を好んで観るのだろう。
どこに住んでいてどんなことをして暮らしているのだろう。
何を食べてどんな休日を送っているのだろう。
タンスの中にはどんな洋服が入っているのだろう。
自分のことをどのように認識しているのだろう。

ひたすらひたすら……顧客に恋するようにひたすら想像しました。だから私は理屈を導き出せるのです。
「どんな差別化が彼らにとって理にかなっているのか」、それを考え出すことができるのです。

私は間違いなく、「おしゃれじゃない人」のことを日本一考えています。

ここに絶対の自信があります。

どんな人にも負けないくらい、ここに努力と時間を費やしてきました。私よりおしゃれな人は星の数ほどいるでしょうが、私より「おしゃれじゃない人」のことを考えている人は誰もいません。だから誰よりも「おしゃれじゃない人」に対してアプローチできます。

私は才能があったんじゃない、天才なんかじゃない。誰よりも顧客を想像しているからこそ、誰よりも強い結果を生み出すことができるのです。

あなたの顧客は誰ですか？
顧客を愛していますか？

顧客のためを考えて提案する「LTV」（顧客生涯価値）の基本思考

「Tシャツしか置いていない洋服屋さん」

「レザーしか置いていない洋服屋さん」

「チノパンしか置いていない洋服屋さん」

などをあなたは見たことがあるでしょうか?

……もちろん、ほとんどないはずですね。

ビジネスは顧客の成長と関心度に応じたサービスをおこなうのが基本

洋服屋さんは基本的に**LTV(Life Time Value〜顧客生涯価値)**を想定した商品展開になっています。
そのお店やブランドのことを知らずにふらりと入店してきた人にいきなり10万円のレザージャケットを提案するわけにもいきませんよね? 一見さんに「お客様、うちの店のレザーをぜひ買ってください」なんて提案する販売員がいたらソイツは即クビです。

どんな販売員でも同じですが、一見さんには買いやすい3千円程度の低価格なTシャツや小物を提案し、まずはブランドやお店を知ってもらう。そして次に来店してくれた際には「先日お買い上げいただいたTシャツにはこちらのチノパンがよく合いますよ」と、7～8千円程度の中価格帯の商品を提案します。そうして何度か来店いただくうちに「○○さんには、ぜひうちの珠玉のアイテムであるレザーをお召しいただきたいのです」と、初めて10万円クラスの商品を提案することになります。

ビジネスはこうした

「顧客の成長／関心度に応じた商品／サービス提案をおこなう」

のが基本です。

実は私や堀江貴文さんなども、こうした構造を作り込んでいます。

私には**無料で読めるブログ「KnowerMag」**が媒体としてあり、**それよりさらにディープな情報は月額500円の「有料メルマガ」**が媒体としてあり、**さらにさらに直接私ともやりとりできる月額5千円のオンラインサロン「MBラボ」**が媒体としてあります。

これはまさに前述のLTVと全く同じこと。Tシャツから提案して最終的にレザーに進む販売員と構造的には全く同じなのですね。

ちなみに堀江さんのコンテンツ構造も概ねこれと同じです。これは私と堀江さんが仲良しだからとか、パクリ合ってるとかではなく、

優れたビジネス構造は必然的にこうなるというだけの話です。

「顧客の成長／関心度に応じた商品／サービス提案をおこなう」のは至極当たり前のことなんです。

顧客目線というものを忘れてはならない

そして至極当たり前のことながら、多くの事業者にはこのLTVという意識が欠

落しています。

例えばラジオ番組などもそうです。ラジオ番組はＴＶよりもディープなファンが多いもの。「他のことをしながら」コンテンツを体験することができるラジオは、日々のルーティンの中に組み込みやすく習慣化されやすいメディアです。毎日聴いているうちにパーソナリティのファンとなり、ついついリクエストを送ってしまうなんてこともあるでしょう。しかしながらラジオは「ただ放送を流すだけ」。ファンに何か商品やサービスを提供することはほとんどありません。

ラジオは公共的な意味合いが強いメディアですから、「営利感覚がない」のも要因ではあると思いますが、これは実は顧客にしてみればフラストレーションがたまるものです。パーソナリティのことが大好きで大好きで仕方ないのに、そのはけ口がないのですから。ファングッズが欲しい、パーソナリティの思考や感性に近づきたい、と思うのに、得られるのは画一的な毎日の放送のみ。

「顧客目線に欠けている」と言われればその通りでしょう。冒頭の例で言うならば

「Tシャツしか置いていない洋服屋さん」のようなものです。そのブランドが好きで全身固めたいのに、Tシャツしか置いてなかったら顧客はどう思うでしょうか？

「お願いだから店員さんが穿いているパンツも買わせてくれ」

「お願いだから全身揃えさせてくれ」

となるでしょう。それなのにお店としては3千円のTシャツをいつまでも提供し続ける……こんな失礼な話があるでしょうか？

YouTuberさん、インフルエンサーさん、ブロガーさんなども全く同じです。面白いブログを書いていたり、面白い動画をUPしていたり、ファンが生まれ始めているのに……課金する場所をどこにも作っていない方がたいへん多い。

これは**「利益が取れなくてもったいない」とかではなく、**私は**「お客様に失礼だ」**と思います。

こうした説明の仕方をすると「そんなの母数が多くなければ成立しないでしょ」と思う方がたいへん多いのですが、そんなことはありません。

断言しますが、

SNSで100人フォロワーが集まれば（業者やbotを除く）、副収入程度のビジネスは簡単に構築できます。

実際にそうした大学生や主婦のインフルエンサーたちも最近ちらほら出てきていますよ。

例えば自分の着こなしを毎日インスタにUPして、徐々にフォロワーが生まれてきて、そのフォロワーさん向けに「お直し屋さんで直したオリジナル古着」を売って日銭を稼いでいる人は決して珍しくありません。このビジネスは、フォロワー100人程度でも成り立ちます。ユニクロや古着屋さんで買ってきた服をお直し屋さんで直して売ったり、もしくはもっと簡単に自分の私物を売ったりする人もいますね。初めはお小遣い稼ぎだったものが、いつの間にか事業規模になったなんて人もいます。

これはまさに**LTV的な考え方**です。

この話で私が言いたいことは**「利益を貪れ」**ということではありません。

「顧客のことをもっと真剣に考えろ」と言っているのです。

顧客が望むサービスが提案できないことこそが「悪」である

顧客は、成長し関心度が上がるほど次の提案を求めます。前項の洋服屋さんの例で理解できる通りです。

どんなお客様にも同じようにTシャツだけ売っているお店があったら「おかしいな」と思うでしょう？　他方、Tシャツやパンツやレザーなど成長度合いに応じて提案してくれるお店は、間違いなく「顧客のことを考えている」でしょう。

もちろん無理やり売りつけるなどするのは論外ですが、顧客が潜在的に望むことを察知して、段階的に提案を作るのはほかでもない「お客様のため」と言えるでしょう。

顧客が望むサービスを考えることが顧客目線

なぜか日本人には「お金をとるのは悪」という観念がありますが……**「お金をとること」よりも「顧客が望むサービスが提案できないこと」の方がずっと悪**です。私が経営者だったら、Tシャツしか並べてないお店の店長を怒鳴りつけますよ。

「もっとお客様のことを考えろ!!」と。

一点だけ売りつけてそれで終わり……なんて、思わせぶりなことを言うくせに最後まで進ませてくれない女子の如くです。提案するなら最後まで面倒見ろよ、と。

それが**顧客目線**であると思うのです。

そもそも「無理やりお金をとってる」わけじゃないんだから、納得いかないなら興味がないなら顧客はお金を払わなきゃいいだけでしょう。提案を作ってお金をとること自体が悪だというなら全ビジネスを否定せねばなりません。嫌なら買わなきゃいいだけの話。

それよりも「提案が一点しかない」ことの方がずっと酷いことなのですよ。

「事業は顧客から創造される」と、これもまた経営学の祖、ドラッカーの言葉。

古典でもあり、また王道でもあるこの言葉はビジネスの根幹を示しており、現代においても全く変わらず重要なもの。

顧客が経験を重ね、関心度が増えるにつれて、望む提案とは何か？

それを意識して事業を構築することが重要です。

さあ振り返ってみてください。

あなたの仕事は顧客に対してこうした段階的なアプローチをおこなっているでしょうか？

もちろんそれが必要ない方もいるでしょう。

しかし小売や営業、ビジネスを構築する経営者、インフルエンサーなどであれば絶対必要なはず。

ぜひご参考ください。

STAGE

5のまとめ

いかに正しく、
いかに効率よくビジネスをするか

独学で勉強するのはやめなさい

仕事のできる人が多いコミュニティに入りなさい

友達は選びなさい

理屈を伴った差別化思考を持とう

何よりも大切なのは顧客を定義し、愛することだ

NEXT STAGE

ビジネスとは幸せを
つくるためのツールである

Business is a tool to create happiness

MBが「炎上」を嫌う理由

実は私はかつて一度も（少なくとも自分が認識している範疇においては）炎上を経験したことがありません。

SNSが燃えたことがないどころか、メルマガの感想を気軽に送れるQ&Aコーナーでもクレームや反対意見が年に2、3通来る程度。それもほとんどが「ここをこうしてくれると助かります」くらいのもの、炎上とは全く無縁です。

151ページから述べた通り、集客面においては炎上をさせた方が賢いでしょう。

しかし私はそれをしません。

人を怒ること、人に怒られることを何よりしたくないから……「**正しさ」を押し付け合いたくないから**です。

私はサラリーマン時代はさんざ部下を怒り、怒鳴り、自分の主張に従わせていました。もちろん「こいつのためになるから」「会社のためになるのだから」と自分の正しさを信じて疑わなかったからですが……今振り返ってみれば自分の愚かさに気がつけます。

「正しさ」とは人それぞれ異なる相対的なもの

だからです。

Ｔｗｉｔｔｅｒを見れば、炎上をバンバン起こす堀江貴文さんのフォロワー数と、炎上を全く起こさない私のフォロワー数を見れば、ビジネス的にどちらが集客効果が高いかは明らかです。

しかしそれをもって「じゃあやっぱり仕事的には炎上させた方が賢いんだ」と思うのは要注意。

ビジネスとは数字を大きくすればいいというものではないからです。

年商や年収が高くなればなるほどどこか偉いような、幸せな人生のような誤解をしてしまいがちですが、決してそんなことはありません。10億円持っていても不幸な人はいるし、1円も持っていないホームレスが幸せを強く感じている場合もあります。

お金稼ぎのためだけにビジネスをやると、たいがい幸せを見失います。

あなたの幸せをつくるために必要なお金を稼ぐことは悪いことではありませんが、お金を稼ぐことが幸せをつくることであると誤解していると、いつまでも幸せは訪れません。お金はただの紙きれだからです。「紙きれだけ」で幸せになることはできませんね。

ではビジネスとは何か……それは幸せをつくるためのツールでしかありません。

私は私が考える幸せの形をビジネスを使って実現し、堀江さんは堀江さんが考える幸せの形をビジネスを使って実現しているだけ。数字の大小や集客の多少は全く関係ありません。

私が炎上しない&させないようにしている理由は、「中身も外見もおしゃれな男性」で溢れた社会をつくりたいからです。どんなに外見がおしゃれでも、どんなに収入が高くても、ツンケンした男性に私は魅力を感じません。どんな人にも優しく、どんなときも怒らず他人を尊重し、余裕のある男性こそが「おしゃれ」であると私は考えています。

私がもし「集客増」を好んで炎上をバンバン起こしていたら、この理想は叶えられないでしょう。お金はもっと入ってくるかもしれないけれど、私の周りはツンケンした人だけで満たされて、幸せから遠くなってしまうはずです。

堀江さんは炎上で多くの人を鼓舞したいと考えているのでしょう。それは本当に素晴らしいことです。私と幸せの形は違いますが、社会に大きな影響を与え大きな波をつくっています。ツンケンした人たちに囲まれてもそれでいいとするメンタリティが、彼にはあります。

炎上がいかに集客的にメリットだとしても私はしません。

こうした「正しさの選択」は、人生の中で何度も機会があるはずです。
いくら集客的に正しいからといって、あなたが「炎上」させる理由にはなりません。
いくら親兄弟が望むからといって、あなたが「結婚」をする理由にはなりません。
いじめられている子供に「学校に行くのが正しいのだから行きなさい」と言えますか？
病み上がりの部下に「業績を上げるために今日も残業しろ」と言えますか？
炎上は確かに集客的には正しい。しかしその正しさがあなたにも当てはまるとは限らない。

正解主義に囚われず、自分の生き方や理想をきちんと見つめることが大事です。

あなたは何を幸せと感じ、どんな社会にしたいと思っていますか？

それにより正しさは異なります。

「みんな同じ」なんて有り得るわけもないでしょう？

もっと考えてみてください。

もっと自分と向き合ってください。

正しさは外側にあるんじゃない、内側にこそ眠っているのです。

社会に対してメリットを与える人は大成し、自己に対してメリットを求める人は冷遇される

いろいろなものがツールであると話してきましたが、**「私」という存在自体もツールであると**捉えましょう。

そもそも「私」という存在は社会において必要な歯車だからこそ生かされています。だから社会に幸福を与える存在であるほどに、利益は返ってくるものです。

「私」を捨てるとやるべきことが見えてくる

私は洋服で困っている人に、洋服の着こなしをゼロから教えています。洋服で困っている人が多ければ多いほど、社会に対するメリットは高くなります。だからこそ私に返ってくる利益も比例して高くなるのです。

これは

「どうやったら多くの人にメリットが与えられるか」
「どうやったら、いい感情を与えられるか」

という考え方をしているからですね。

しかしながら「どうやったら金が稼げるか」と自己の利益だけを考えて行動すると、利益は返ってきにくくなります。

ショップスタッフさんなどはそのいい例ですね。

「お客様を幸せにしよう」「お客様をおしゃれにしよう」なんて思っているショップ

スタッフはご存知の通り、ほとんどいません。

彼らは「在庫をいかに売りつけようか」「個人売上をいかに達成しようか」、そう考えて自己の利益を追いかけているからこそ、社会にメリットを与えにくい行動をとってしまいます。

これは社会の根本的構造です。

社会に対してメリットを与える人は大成し、自己に対してメリットを求める人は冷遇される。動かしがたいこの構造は、「私」をツールとしてみなすことにより、スムーズになります。

私は客観的に「私」とはどういう存在なのか、観察するところから事業を構築しました。

自分は洋服が好き、今までこんなことをして、こんなふうな知見を持っている。社会において自分とはいったいどんなツールなのか、社会全体において自分は何をすべき歯車なのか、そう考えて「私」を捨てたことにより、自分が与えられる社会へのメリットをＭＡＸまでひねり出すことができているのです。

仏教には「**滅私**」という考え方があります。

「私」という概念があるからこそ欲が生まれ、争いが生まれる。全てのものは生々流転であり、「私」なんてものはたまたまその時代に重なった物質の塊にすぎない。だからこそこだわりを捨て自分を捨て、あるがままに生きなさいというものです。

私は無宗教ですが、この考え方には納得させられるところがあります。


自己を肥大化させないためにも、欲を拡大させないためにも、客観視して

自分を見る「滅私」を取り入れる。全てのものはツールであると認識する。


事業を組み立てる際には最も大事なことかもしれません。

ぜひご参考に。

世の中は「正解主義」ではなく「バランス主義」で成り立っている

ここまでの話から少し拡大すると、**世の中は「正解主義」ではなく「バランス主義」でできている**ということになります。

あらゆるものは微細なバランスの上に成り立っています。

正解とは、唯一無二で語れる「原色」ではありません。あるとすればバランス、複雑な色が混じり合って時代や環境とともに変化する「絵の具」のような正解しかないのです。

実はこの**「世の中は正解主義ではなく**
バランス主義である」

という論は、私がビジネスを構築するうえで最も重要視している観念であり、私の「肝」ともいえる内容です。

例えばファッションに絶対的な正解など存在しません。正解を求めようとすればいつまでも見つからず、途方にくれるでしょう。

あるのは**「バランス」**です。

その時代、その環境、その場所、その状況……つまり「TPO」に応じた相対的な正解が存在するのみです。

好きな女の子を口説きに行くのと、家族で居酒屋に行くのとでは、求められる服装は違うでしょ？　80年代のおしゃれと2000年代のおしゃれは全く違うでしょ？　絶対的な正解なんてないんですよ。

ただ、正解がなくても「バランス」はあります。

女の子を口説くとき、家族で居酒屋に行くとき、両者が求めるものは確かに違うけれど、実は「バランス」を変えるだけで整えることができます。基礎となるリテラシーを掴んでさえいれば、あとはバランスです。求められる条件に合わせてバランスを変えればいいだけ。

ロールプレイングゲームで敵に合わせて「ステータス振り」を調整するのと同じ。炎系の攻撃に弱いボスに対しては炎系の武器を装備させます、氷系の攻撃に弱いボスに対しては氷系の魔法を覚えさせます、ただそれだけです。

ファッションにおいては私はこれを、**「ドレスとカジュアルのバランス」**という極めて単純化した指標で提示しています。興味のある方は「ＭＢ」で検索してみてください。

ビジネスも同じです。

90年代まで覇権を握り、影響力を行使していたのはＴＶです。

世の中を動かしていたのは間違いなくＴＶで、ドラマで使った曲がバカスカ売れ、街にいる普通の女の子を誰もが羨むアイドルに仕立てました。ＴＶのインパクトを目の当たりにした世代は「ＴＶで流したもの」を無条件に信じる癖がどこかあるでしょう？

言ってしまえば、90年代までのＴＶこそ「正解」だったように思います。

でも今はどうでしょうか？

ＴＶの視聴率は徐々に下がり、ニュースはインターネットから拾ってきた情報を取り上げる始末。心血注いで作り込み、長い下積み期間を経て生み出す芸人のギャグよりも、ＹｏｕＴｕｂｅｒが駄菓子を食べる映像の方が収益を得る始末……これも実は「バランス」です。ＴＶ番組のように作り込まれたものよりも、未完成のものに愛着が湧くようになったのが昨今です。

コンテンツも「完成されたもの」よりも「未完成のもの」を好むようになったのです。

台本があり、多くの人が関わって完璧に作り込むＴＶ番組が飽和状態となったため、未完成でくだらないけど、体当たりで真実味があるＹｏｕＴｕｂｅｒの方が好まれるようになりました。

1つのものが覇権を取っても、いずれそれは飽和状態となります。飽和し、飽きられれば、そのぶん他方が盛り上がります。

ファッショントレンドも、ビジネスも、恋愛も、人間関係も、いかなるものも必ず「バランス」があります。バランスを逸するほど盛り上がれば瓦解し、瓦解した後にはバランスを戻す勢力が必ず生まれます。

この視点でモノを観察すると「次に求められるもの」が何かわかるのです。

ファッショントレンドはここ数年「シンプルな着こなし」が求められました。だからこそ次は「装飾のある着こなし」が求められます。数年前まで「スティーブ・ジョブズのファッションが究極だ」と、こぞって言われていたのに、今、世界のトップトレンドを走るGUCCIは悪趣味なほどゴテゴテと柄と色を重ねる着こなしで売上を伸ばしています。

人々が何を求めるかは、実は「バランス」を見ることで突き止めることができるのです。

「思いやり」こそが社会で成功を収める秘訣

そしてこれは**「他人を思いやる気持ち」ともリンク**します。

皆が何を求めているのだろう、皆が何を考えているのだろう……そうして他者を思いやる気持ちが「バランスを見る力」を生んでくれます。

考えてみたらファッショントレンドもビジネスも恋愛も全て、先見性は「思いやり」により生まれます。

他人はどう考えているのだろう、あの人はどう思っているのだろう、そうした他者を思いやる気持ちが強い人ほど成功するのだとしたら……我々の社会はとても綺麗にできているじゃありませんか。

私はユニクロの柳井正さんが大好きです。

彼が生み出したヒートテックは、誰の売上も毀損せずに莫大な利益を作りました。機能性肌着というジャンルはヒートテックによって生み出されたのです。もちろんヒートテック以前にもアウトドアの世界などでは存在していましたが、今みたいに街中で普通に使うような類のものではありませんでした。

柳井さんは取引先も、競合他社も、お客様も、自分たちも**「誰も困らない」ビジネスを心がけている**ようです。

パイを奪うことなく「パイを作り出した」彼のビジネス思考は、まさに「思いやり」の塊です。他者を思いやり、他者を立てる気持ちこそが、ビジネスでも社会の形成でもメリットに働きます。


機械的な正解を好む人に成功はありません。社会を崩壊させる因子だからです。


人類は多様性のもと発展し、繁栄を得ました。

そこにあるのは間違いなく「思いやり」です。


誰かを思いやり他人を立てること、そこに共存の答えがあったのです。

肝心なのはバランスであり思いやりです。

これを絶対に忘れないでください。

あなたの人生を左右する、大事な大事な考え方のはずですよ。

モテない理由は恋愛もビジネスも同じ

「モテる服装を教えてください」

「女子ウケ最強のコーディネートを提供してください」

過去7年間、メンズファッション指南のお仕事を続けてきて、この類の質問は星の数ほど受けてきました。


モテないのは誰のせい？

その答えは恋愛もビジネスも同じである

無論「女子ウケ服」は提供できます。過去にも何度も教示してきました。あくまで確率論でしかありませんが「女性が本質的に好む服」は確かに存在しています。

本能的に女性が男性に何を望んでいるのか、どんなスタイルに魅力を感じるのか、これらは論理的にきっちり表現できます。

「MBさんおすすめのスタイルで女性から褒められました!」

「女性からはじめて声をかけられました!」

などなど喜びの声も頂戴しており私自身も効果を実感できているのですが……もう少し深いところに話を進めると、「女子ウケ服を着てるからモテる」なんてのは実はちょっと「極論」です。

私自身「これさえ着てればモテる」なんて言ったことは一度もありません。

服はあくまでオマケ、モテにおいてもっと大事なことは「意識」にあると思っています。

全ては相手のために、と考えるナンパ術

好奇心旺盛だった若い頃、渋谷のナンパ師さんに教えを請うたことがあります。

私は元々オタク気質でどちらかといえば隠キャで人見知り。子供の頃も外で遊ぶより中でゲームをするのが好きだったし、中学高校時代はどっぷりアニメとゲームにハマっていました。

ショップスタッフの仕事を始めてからは、ある程度「人見知りを隠す」ことはできるようになったものの、もうひとつ自信を得たいなと思い、ここは専門家に学ぼうとナンパ師さんにたどり着いたわけです。

そうしてナンパ師さんのナンパ術や会話術などを目の当たりにしたとき……私は今までの自分を深く反省しました。

私が特別モテないのは「見た目のせい、性格のせい、気質のせい」と、なんとなく生まれ持った宿命のように解釈していたのですが、違いました。

私がモテないのは私のせいだったのです。

私が教わったナンパ師さんは、とにかく「**相手の女の子のため**」を意識していました。

「〝すみません、ちょっといいですか?〟という声がけはするな」と、まず始めに教わったのですが、私が「それはなぜですか?」と尋ねると「セールスみたいで女の子を緊張させちゃうでしょう? それは可哀想でしょう?」と答えてくれました。

だからナンパのときは突然会話からスタートさせたり、冗談を言って笑わせるところから始めたり、「とにかく女の子を楽しませる」ということを、まず意識しているとのことでした。もちろんナンパ自体が女の子にとっては迷惑千万だと思うのですが(笑)。

ただ、この「**一挙手一投足、全てを他人のためと意識する**」という意識づくりは、私の心に深く刻まれました。

自分が愛されたいなら他人を愛そう

合コンやデートでいまいち話さない男性っているでしょう?

当たり前のようにそれではモテないわけですが……ネットを眺めると、そうしたことを指して、「どうして俺らが女を盛り上げなくちゃいけないんだ。これだから女は面倒くせえ」と書いてあったり。
そもそもこうした他人に優しくできない、他人のことを考えられない人を、他人が好きになるわけがないんです。

人間関係は思いやりです。

他人を尊重し、他人を許容し、認め合うからこそ人間関係は成り立ちます。全ての人が「自分は自分は！」と自分のことばかり考えていたら、社会はでたらめな無秩序になるはずでしょう？　性欲や自分の都合ばかり押し付ける男性がモテないのも同じです。

先ほどのナンパ師さんの教えを思い出してください。
「全てを他人のためと意識する」ことです。

時に一般的な「モテ服」が通用しない人もいるでしょう。

「Gジャンにチノパンにスニーカーのラフなスタイルが大好き」なんて女の子もいます。

確率論やメソッドを引き出しとして持っておくのは正しいことですが、あまりにも「正解主義」に偏るのもまた問題です。それは「これさえやればいいんだろう」と思考を閉じてしまい、他人を意識することに繋がらないからです。

大事なのはいつも他人を想うことです。

質問や共感を意識しながら会話を進めて、相手の反応を見ながら、相手が楽しくなるように言葉を選んであげます。

難しく感じるかもしれません。面倒かもしれないけど誰だってできることのはず。子供と話すときは、誰だってかわいらしい声色で接してあげるでしょう。愛する人と話すときは、誰だって笑顔で優しく語ってあげるでしょう。上司と接するときは、いつも以上に丁寧に失礼のないように話すでしょう。他人とともに生きる社会では、他人を尊重して関係性を構築しているはずです。

「モテ」となるとどうしても男性は皆「正解」ばかり追いかけたくなるものですが、結局はいつもと同じこと。

相手のことを一番に考え、「他人目線」を意識することが必要なのです。「他人のことばかり考えてたら窮屈でしょ?」と考える人もいるかもしれません。

しかし不思議と他人のことを考える人には、どんどん味方が増えていきます。

利他は却って利己に繋がるもの。

他人のことを考えることが自分のことにも繋がるのです。

私は他人のことを意識し、想い考えるようになってから、根は暗く人見知りにもかかわらず、友達が誰よりたくさんできました。今でも何かあれば皆、手を差し伸べて私を助けてくれます。だからまた私も何かあれば皆を助けたいと思うわけで……こうしてポジティブの連鎖が起こり、関係性はさらに強固になっていきます。

成功者がどんどん成功していくのは「他人目線」が身についているからなのかもしれません。

ビジネスも考えてみたら他人目線の塊ですね。顧客に対してどれだけ大きな幸せを与えられるかが利益に繋がるのがビジネスです。

恋愛も全く同じ。他人のことを想えるほどに他人から愛されることも多くなるでしょう。客観的に社会を見れば見るほど、愛するほどに愛され、思いやるほどに思いやりが返ってきているではありませんか。

ビジネスも恋愛も、社会は皆その通りに動いています。

他人に振り向いてほしいなら、まず自分が変わらねばなりません。

社会に振り向いてほしいなら、まず自分が社会を見なければなりません。

世界はかくも美しく優しい構造でできています。

自分が愛されたいなら他人を愛そう。

「モテの秘訣」があるとすればそれです。
ぜひ意識してみてください。

ＭＢはセンスがない

私のファッション指南を愛読されている人々には「おしゃれに全く興味がなかった」という方がかなり多い。本書をここまで読んできたらご理解いただけてると思いますが、これは決して偶然ではありません。

私は最初からそうした方々を自分の顧客として定義しているのです。

では、なぜ私が「おしゃれに全く興味がない人」を対象にするのかと聞かれると、もちろん市場規模の問題もあります。

センスは先天的なものである

アパレルはファッション好きな人を対象にサービスを展開するところがほとんどです。ファッション雑誌を読めば一般的でない専門用語ばかりが並び、アパレル店は「最初はこんな着こなしからスタートしましょう」など微塵も教えてくれない。しかし考えてみればファッション好きよりもファッションに興味のない人の方が世の中の大半なのだから、より大きなビジネス規模を望むなら「興味のない人に興味を持ってもらう」方がはるかに有意義で満足度の高い仕事となるはずです。

しかし私が「おしゃれに全く興味がない人」を対象にしている本当の理由は、こうしたマーケットに由来するところではありません。

本当は「私にファッションセンスがない」からです。

自著『幸服論』にて自分の過去についていろいろ書きましたが、私はナチュラルなおしゃれさんではありません。中目黒や渋谷を闊歩するような「なんとなく」という感覚で存分におしゃれを楽しめているファッションピクティムたちと比べると、センスという意味においてかなり劣っていると自覚しています。私はロジックでファッションを語っていますが、**本来ファッションとは感覚で構成し理解する方のものなのです。**

目に見えない第六感的な「センス」を基に構築できるのが、いわゆる一般的なおしゃれさん。私は学生の頃、「自分にはこうしたセンスがないのだ」とはっきり自覚しました。

世の中はそもそも不公平です。

「センス」は先天的なものだからです。

無論、私が教えているように後天的にセンスを身につけることはできます。効率のいい学習方法や体系化された知識を活用して「先天的なセンス」と同程度のものを短期間で身につけることもできます。しかし生まれ持ってこれを知覚できる人も確かにいるのです。センスは作れるものだけど、生まれついて持っている人(もしくは持ちやすい人)もいる。最初から歌がウマイ人と、練習してウマくなる人がいるのと同じですね。

そう、私はセンスがなかった。

だから私は**「後天的にセンスを獲得する方法」を探した**のです。10年探して見つけ、体系化した知識を、私と同じように「センスを持ち得なかったがために苦しんでいる人、服を楽しめない人」を救うために使おうと考えたから、私は今、MBとして活動しています。つまり10~20年前の私にしたら

「センスがない」という現実は「ネガティブ」でしたが、現在においては「センスがない」ことが「ポジティブ」に働いているわけです。

私はこれをよく「お医者様に命を救われた子供の例」で説明します。

ドラマなどでよくあるでしょう? 子供の頃に大病を患い、お医者様に命を救

われた子が、成長し「自分と同じような人の命を救おう」と医師になる話。
これも「ネガティブがポジティブになった例」です。
子供の頃ならば「どうして僕だけこんな病気になってしまったんだ」と絶望していたでしょう。しかし大人になったら「あの病気になったから今があるんだ」と生き方のベースとなってくれているわけです。ネガティブはいつの間にかポジティブに変化していますね。

人は自分が救われたことでしか、他人を救えない

実は私は……

「人は基本的には自分が救われたことでしか、他人を救うことができないのではないか」と考えています。

ビジネスとはつまり他人を救うことです。

アパレルなら他人をおしゃれにする

飲食なら他人に食の喜びを与える
ドラマなら他人に感動を与える
営業マンなら他人によりよい人生を与える

根本的に他人を救うことがビジネスとなるわけですが、救うからには救う対象がどんなことを考えているのか、どんなことで悩んでいるのか、想像できなければいけません。「バカ舌」で何でもおいしく感じてしまう人はおそらく一般的な料理人にはなれないでしょう。「おいしいものが食べたいけど市場になかなかない」と困っているお客様を救うことが難しいから。

なにしろ何でもおいしく感じるなら、そうした人の気持ちを理解することができないでしょう？

「生まれ持ってセンスのあるおしゃれな人」は「センスがなくて困っている人」を救うことができないでしょう。「え？　見てわかんない？　コレおしゃれじゃん」で彼らの説明は完了するからです。それではセンスのない人を救うことにはならない。対象の気持ちが理解できなければ救うことはできません。

そして最も対象の気持ちを理解できるのは「自分がそうだった」場合です。先ほどのお医者さんの例ならば「大病を患い絶望に苦しむ子供」の気持ちが痛いほどわかるはずです。どんな声をかければいいのか、どんな治療をすればいいのか、どんな環境におけばいいのか、手がとどくように理解できるはずです。

私も「おしゃれじゃない人」の気持ちが痛いほどわかります。「おしゃれになりたいけど、そもそも服を買いに行く服がないんだよ」。これは私が監修する漫画『服を着るならこんなふうに』の一節。気持ちはあるけれど一歩が踏み出せない、そんな極めて微細な感覚が「私も同じだったから」こそ理解でき表現できるのです。

私が抱えていたネガティブが、いつの間にか大成するための大事な要素としてポジティブになっているわけです。

私は思います。

「生まれつきセンスがなくて、ダサくて本当によかった」と。

私の読者さんにはうつ病や精神疾患を抱えた人がたくさんいらっしゃいます。これもまさに同じこと。私自身、パニック障害を患い大学を休学した経験があります。今でも完治したとは言い難いですが、そうしたネガティブな面を持っているからこそ、同じような状況の人に手を差し伸べることができるわけです。

日本で私以上に「おしゃれじゃない人」のことを考えている人はいません。だから私は「おしゃれじゃない人」を日本一救うことができるのです。

この構造を理解してください。

上を向いて歩こう。今日の絶望は明日の希望である

「どうして毎日こんなことばっかり」
「俺ばっかりなんでこんな辛い目にあうんだ」
「世の中不公平だ」

そんな風に現状のネガティブに絶望を感じている人も少なくないでしょう。しかしそれを乗り越えたとき、ネガティブは最大のポジティブになるのです。
絶望と希望は隣合わせ、多面的に捉えればネガティブはポジティブにも成り得る

のです。

私はいろいろな方と会い、いろいろな方と話し、いろいろな方の悩みや喜びをうかがうにつれて得た確信があります。

それは**人は必ず人生のどこかで絶望に直面する**ということ。2度3度かもしれないし、もしくは10度以上も絶望がおとずれるかもしれません。

私は子供の頃、お金持ちから極貧に転落したことで1度目の絶望を得ました。この絶望を経験したからこそ、「お金とは何か」「働くとは何か」ということを本質的に理解しました。

「センスがない」「ダサい」と罵られて絶望を得ました。これを経験したからこそ、「ファッションを誰よりもわかりやすく解剖する」知識体系を作ることができました。

「人見知り」「集団が苦手」で、ずいぶん人間関係には苦労しました。しかしこれを経験したからこそ、「人に理解を得られる話し方」や「集団に属さず個人で生きていくスキル」を手に入れる原動力が生まれました。

絶望は希望に変えられます

1つ絶望を乗り越えるたびに人生はより豊かなものとなるでしょう。人生を「点」で捉えれば、ネガティブは不幸なことかもしれません。しかし人生を「線」で捉えればその「点」はポジティブなものとして捉えることもできるでしょう。

あなたは今どこにいますか？
絶望のど真ん中にいるでしょうか？

もしそうだとしたら、どうか心を落ち着けて未来を想像してみてください。
きっと数年後にこれを克服してポジティブに転換した自分がいます。もしこの絶望を越えられなかったとしても、今度出てくる絶望は乗り越えてみましょう。

絶望は人生最大のチャンスです。

勝てない絶望も時にはあるでしょうが、その途中途中でチャンスは何度か必ずやってきます。

そしてそんな絶望の淵にいる人へ私からのちょっとしたアドバイス。しゃがみ込んで下を向いて考えていても、絶望は越えられません。絶望をネガティブに捉えていたら越えることができないからです。

未来のあなたは絶望をポジティブに捉えます。だからこそ絶望の淵にある今も自分をポジティブに持っていく必要があります。

そんなときは上を向きましょう。

空を見上げ、陽の光を浴びましょう。

人の身体と精神は、実は密接に繋がっています。

例えば「笑顔になりながら本気で怒ること」は誰もできません。逆にいえば「怒っているときに指で無理やり口角を上げたりニッコリとした目元を作る」と、不思議と怒りが少しずつ消えていきます。

このように**精神は身体に引っ張られるもの**なのです。

会議で着席し腕組みしていると、いいアイデアはなかなか出ません。体の前に腕を置く行為というのは自分を守ることに繋がるからです。

Googleなどの先進企業は「歩きながら会議をする」こともあるそうです。これは言葉通り「前向き」になれるから。

身体が前向きに先に進んで歩いていると、積極的で前向きな意見がドンドン頭に浮かぶそうです。実は私もこうした「歩きながら考える」ことを常にしています（突然社内を歩き出すので社員にはウザいと思われていそうですが・笑）。

絶望の淵にいるとき、ネガティブな想念に気持ちが支配されているとき、身体はどんな風に動きますか？

「落ち込む」という言葉通り、下を向いて涙を流してしまいますね。

だからこそ上を向きましょう。

坂本九の歌に学ぶ通りです。

涙は上を向いているときには流れません。

陽の光を浴びて空を見上げていると、ネガティブな想念は少しずつ消えていきます。

「まあいいか」

「ダメでもやってみるか」

とポジティブな気持ちが滲み出てくるものです。これは人間の構造上の話ですね。

ぜひやってみてください。

誰もが素敵な人生に繋がるチャンスを持っている

「どうしてこんな目に」

「どうしてこんな辛い思いをしなければいけないんだ」

そう思う気持ちもわかります。

しかし、絶望は希望に変わります。

私は今では「センスがない」ことは「自分の才能だ」とすら思っています。


ネガティブこそがあなたの最大の武器になります。


どうか空を見上げて、上を向いて、明日を生きてみてください。

きっと素敵な人生が待っていますから。

好きなことをやれ〜あとがきにかえて

2018年12月26日、本書が出版される9ヶ月ほど前に私の父は永眠しました。

筋萎縮性側索硬化症（ALS）という難病にかかり、入院してからわずか半年でこの世を去ることとなりました。ALSは根本的な治療法が存在しない大変な病気です。身体中の筋肉が少しずつ機能しなくなり、手が動かなくなり、足が動かなくなり、そして最後には呼吸に必要な筋肉をも失われ、呼吸不全になってしまいます。父は病に侵され、少しずつ会話ができなくなり、表情を変えることができなくなり、意思の疎通ができなくなり……けたたましく鳴り響く生命維持装置の警告音の中、兄と私、2人の息子に抱きかかえられながら命を落としました。今でも耳の奥に父の死を告げるアラートの音がこびりつくように残っています。

父からは、ここで書ききれないほどのたくさんのことを学びました。本書に書いてある内容の一部も父から得たものです。しかし最後の最後で彼は私に一番大切な言葉を遺してくれました。

「好きなことをやれ。俺みたいに、いつこうなる（病気になる）か、わからないんだから」

既に筋肉がうまく機能せず、呼吸も発声もしにくい中で私にこう諭してくれました。
私はこの言葉を生涯胸に刻み、生きていくでしょう。

大切な父が遺してくれた最後にして最高の教えだと認識しています。

本書の元原稿となる連載を書いているときには、この言葉を毎度思い返していました。読んでくださっている人だけでも、せめて好きなことをして幸せな人生を送れるように、そしてそれをいかにして助けてあげられるだろうか、そればかりを考えて文章を書き連ねていきました。

「好きなことをやれ」。これが本書のテーマでもあります。

持たざる者だから教えられる

皆さん、世の中を見渡してください。

周りの人間を見渡してみてください。

家族を見渡してみてください。

自分を省みてください。

嫌なことばかり、辛いことばかり、悲しいことばかりの人生を送ってはいないでしょうか。本文中にも書きましたが、人生の目的は誰だって共通しています。

「幸せな時間を少しでも多く重ねること」です。

それなのに現代は嫌なことばかりであふれており、閉塞感に満ち満ちてはいないでしょうか。毎朝起きるのが苦痛、出社するのが辛い、上司と顔を合わせたくない、家で過ごす幸せな時間はほんのわずかに過ぎない……。誰だっておかしいと思っているはずです。誰だってこんなはずじゃなかったと苦悩しているはずです。

私はそうした世界を少しでも変えてみたい。

学歴も職歴も知識も技術も何もかも「持たざる者」である私が世界を変えるだなんて愚かな考えかもしれません。

しかし「持たざる者」に教えを与えられるのは、やはり同じ条件にある「持たざる者」ではないか、とも思うのです。

特別なものを何ひとつ持っていなかった私だからこそ、教えられることがある。そう考えて本書の内容を作りました。

サラリーマンとして働く人はもしかしたら週5日が嫌な時間で、土日だけが幸せなのかもしれません。人生の5／7が辛いことだなんて、誰だってそんな人生望んでいないはずです。

私だって同じでした。サラリーマンのときは出社するのが嫌で、バスをわざと遅らせたこともありました。山手線でわざわざ一周したこともありました。辛い嫌だ帰りたい……そんな想いを持ちながら仕事をしたって幸せになれるわけもないし、向上心も生まれないし、成果も出るわけがありません。負のスパイラルに飲み込まれてしまうでしょう。

でも、本書で記した通り人生は変えられます。

私は実際に変えることができたのです。

本書補足1．「期間をセットすることを忘れずに」

本書はテクニック的なことを意識的に多く書きました。

ＰＤＣＡサイクルや２００点満点理論など、現状を打破するには有効なものばかりだし、極めて合理的で誰でも理解しやすいものでしょう。ぜひ本書前半に書かれているこうしたメソッドをいくつか実践してみてください。

ただし肝心なことが一つ、「期間を区切ること」です。

「永遠に頑張り続ける」なんて誰にもできません。もちろん好きなことならばともかく、この社会は好きなことをするためには嫌なことを乗り越えなければならないタームが存在します。その乗り越えるタイミングで皆、挫折してしまうのです。通常の業務にプラスして毎日１時間だけ時間をとって乗り越える努力を重ねなければいけない。日頃から辛い仕事で手一杯なのに、さらにそうした努力を重ねるなんて「もう無理だ！」と誰でも匙を投げたくなるものです。

しかしこれを防ぐのが「期間」の力です。

１年間だけ頑張ってみよう、半年間だけ頑張ってみよう。そうした期間を区切ることで、人間は走り続け、やがて終えることができます。山道は頂上が見えると登るのが楽なものですが、山頂がまるで遠く霞んでいるような状態では「こんなの無理だ」と辛さばかりが頭をよぎるものです。

だからこそ期間という「頂上」を設定しましょう。

幾多のメソッドを使うときに「期間」を作ってみてください。毎日毎日PDCAを回すとか延々とやっていたら、きっと1週間で嫌になってしまうはず。そこで「1年間だけ頑張ろう」と区切って、自分を奮い立たせてみてください。私もこうした期間を区切ることで「今、苦労すれば来年からは楽になる」と考えて、頑張り切りました。好きな人生を送るために、その前に立ちはだかる「クリアしなければならない嫌なこと」。

ここを乗り越えるために期間の力を使ってみてください。

本書補足2.「思考を同時に学ぶことが重要」

そしてテクニック的なことと同時に考えていただきたいのが、最終章に多く書いてある「思考」の世界です。

結果は行動から、行動は思考から、と本文中にも書いてある通りですが、実はテクニックは行動に寄与するものです。思考を整えておかないとテクニックは正しく機能しません。

例えば「顧客を幸せにすることで対価を得る」という根源的なビジネス思考ができていなければ、「テクニックでお金を搾取する」という発想になりかねません。アパレル販売員がまさにそうで、ダブルバインドなど顧客に購買させるテクニックはいくつもありますが、そうしたものを使ってお金を搾取しても、提案が顧客の幸せに直結していなければ、得てしてリピートせずに離れていくでしょう。一時的な売上はとれてもすぐに沈んでいきます。

このようにテクニックは思考というベースがあってこそ成立するものです。

もっとも「思考を変える」というのは理解することが難しいため、本書ではまずテクニック的な内容を書き、合理的な納得感を与えたのちに、思考の領域まで理解してもらう構成としました。このあとがきにて補足しておきますが、くれぐれも「200点満点理論さえ覚えておけば、なんでも達成できる」なんて思わないように。ベースに思考があってこそ、結果は定着します。

最終章・NEXT STAGEをよく噛み締めて自分の環境に落とし込んでしっかりと理解してみてください。そのフローをおろそかにしてはいけません。

ビジネスセミナーには「精神論なんていらない、テクニックだけ教えてくれ」などと考えている人が、必ず一定数いらっしゃいます。Google検索がすっかり当たり前になり、質問を叩けば答えが出る時代、「こうすればこうなる」といった方法論だけが必要だと誤解しがちです。しかし前述の例からもわかる通り、「こうすればこうなる」というテクニックを使っても、思考がベースになければ結果を出し続けられません。

私がブログで圧倒的なPVを集められたのは、テクニックのおかげももちろんありますが、「社会の役に立つ内容を」と思考を整えたからこそ、できたことなのです。

これをどうかお忘れなく。テクニック論ばかりで全てを解決しようと思ってはいけません。

本書補足3．「心に手綱はつけられない」

それと私が「好きなことをやれ」と主張する理由の1つに「心に手綱はつけられない」ことがあります。どんなに合理的であってもどんなに正当性があったとしてもどうしても続けられないこと、どうしても受け入れられないことってあるでしょう。どんなに音楽理論的に正しくてもビートルズが「古臭い音にしか聞こえない」という人もいるでしょう。どんなに人類普遍の物語の法則をなぞらえていても「スター・ウォーズが肌に合わない」という人もいるでしょう。こうするとお金が稼げるとどんなに言われても「どうしても納得できない」という人もいるはずです。

私はサラリーマン時代、上司から「この在庫がダブついているから顧客に買ってもらえ」と指示を受け、押し売りのようなことをしたことがあります。もちろん押し売りといっても、無理やり買わせるなんて違法なことはしません。あくまで提案をして納得して買ってもらうわけですし、最終的には購入してくれたお客様も喜んでくれるので何も問題はないのですが……私はある大学生の子を接客したときに、カウンターで耐えきれずに涙を流したことをよく覚えています。

私は「これがおすすめです」と語るものの、それは上司からの指示で在庫が重なっていたから提案しただけでした。その子のことなど何も考えていませんでした。なけなしのお金でファッションを楽しもうとしている子に対して、販売側の都合を押しつけてしまったわけです。もちろん彼も「カッコいいですね！」と喜んでくれてはいるものの、私は「本当にこれでいいのか？」と疑問に感じてしまい、その感情に耐えきれず泣いてしまいました。

その晩、当時付き合っていた彼女の家に行き、泣きながら「自分はとんでもないことをしてしまった」と断罪します。彼女は「お客様が喜んでるならいいんじゃないの？」と不思議そうにしていましたが(笑)。

私には「これを売らなければいけないから提案する」という販売側の都合を押しつけるような接客がどうしても我慢できなかったのです。もちろんそうした提案により、お客様が思いもかけない、いいものと巡り合うこともあるので、一概に悪いとは言えません。

また、在庫消化を考えないお店は一般的に失速しがちです。アパレル小売は在庫をいかに残さないかが勝負どころ。既存の枠組みでは、こうした工夫をしなければ生き残っていけないのも事実なのです。

しかし、どんなに正当性があったとしても、私は「販売側の都合を押しつける接客」が我慢できなかった。だから私は早く接客の世界から離れたいとも思っていたし、最終的に「全国に名を轟かすカリスマ販売員」レベルまではたどり着けなかったのでしょう。心に手綱はつけられないのです。

断っておきますが、私は販売の世界においてはかなりの自信がありました。人を説得するのは得意だったし、論理を展開して買わない理由をつぶすこともできます。挫折が原因で私は販売業をやめたのではありません。私の心に沿わなかったから、できなかったのです。

私たちの心は正直です。

どんなに合理的でも、どんなに論理的でも、ダメなものはダメと感じてしまい、長続きしないのです。これを人は運命だの宿命だのと呼ぶのかもしれません。もしかするとそうした心の形は、親兄弟から影響を受けたものであり、もっと遡れば祖母祖父や先祖などから影響を受けたものであって、それはまさに言葉通り「運命」と言えるでしょう。

この心に逆らっても幸せにはなれません。私がＭＢとして成功できたのは、それが「好きなこと」だったからです。心に反しても続くことはありません。あなたの心に宿っている運命がそうさせないのです。

私は「お客様のために商品を探してくる」という顧客側の都合最優先で何かを提案するために、会社を出ました。疑問に感じながら、誤魔化しながらやってきた接客ですが、ＭＢとなってからは晴れ晴れと自由に顧客に提案ができています。心の通りに仕事を作っているからです。

好きなことを仕事にすべきというのは、逆を言えば「好きじゃないことで成功などできない」という意味でもあるのです。

心に手綱はつけられない。これを理解しておくといいでしょう。

本書補足4.「勇気を持って一歩を踏み出そう」

こちらで補足は最後ですが……これが最も言いたいこと。

ぜひ、本書を「読んで終わり」にしないでください。

どんなに優れたメソッドも、どんなに優れた思考も、自分の頭の中で留めておいてしまっては何ひとつ価値は生まれません。行動を起こして初めて世界は変化します。勤勉な日本人、慎重な日本人は、とかく学んでそれで満足という人が多いですが……ぜひ勇気を出して一歩踏み出してみてください。

本書を読んでたった1つでもいいので、明日からの行動を変えてみてください。

それがなければ、なんのために本書にお金を払っていただいたのですか？ せめて元は取っていただきたい。


「勇気を持って」と書いたのは、新しく動くことには多大なエネルギーが必要だからです。本文中でも述べましたが、我々はとかく現状維持を好みます。血圧や呼吸など、身体機能維持においては現状維持が好ましいからこそ、本能的に新しいことを嫌うのです。

しかしながら、社会的には同じことをいつまでも続けていたらジリ貧です。現状は変わらないどころか、気がついたら他の人に追い抜かれて徐々に状況は悪化していくはずです。我々が成功するためには、本能を断ち切る勇気が必要なのです。

新しいことをするときには「こんなことをしても意味がないんじゃないか」「結局どうせまた失敗する」「ダメに決まってる」とネガティブなことが頭をよぎるものですが、これはあなただけじゃないんです。私も同じです。おそらく堀江貴文さんも同じでしょう。

人は新しい行動を起こすときに必ず、できない理由を思いつきます。それは前述の通り、本能的に備わった我々の機能なのです。

だからここを踏み越える勇気を持ってください。

新しいことをなんとしてもするのだ、失敗しても構わない、そう考えて足を踏み出した人だけが新しい大陸を見ることができるのです。

本書を本棚の肥やしにしてはいけません。

一歩踏み出して新しい行動を起こすために本書はあるのです。

どうか勇気を持ってください。

おわりに……「幸せの正体」

本書発行に尽力いただいた、集英社・志沢様をはじめとした関係者の方々、そして愛すべき読者の皆様、そして私を支えてくれるかけがえのない家族へ。

心から感謝いたします。本当にありがとうございます。

最後に本書を他界した父・清水文男へ捧げます。

「お父さんはきっと考えもしなかったでしょう。こんな本ができあがるなんて。入院中に過去の著書を持っていったときに〃本当にお前が書いたのか……立派になったんだなあ〃と驚いてくれた顔が、今でも目に焼きついて憶えているよ。

お父さんが教えてくれたたくさんのことがこうして本になり、多くの人の手に渡り、そしてその人たちの人生を少しずつよくしている。誰かに与えた幸せがまた他の誰かの幸せを生み、そうして社会は成り立っているのだと思う。草葉の陰でどうか喜んでいてほしい、あなたが生み出した話は世界に広がっている。これがきっと社会というものだと思うし、〃幸せの正体〃なのだと思う。紡いでいく人と人の和の中で、幸せを噛み締めて僕は生きていきます。どうか空から見守っていてください。

本当に本当にありがとう。」

千広より

※本書で得た印税の全ては日本ＡＬＳ協会へと寄付させていただきます

装丁・本文デザイン　矢野知子
校　正　加藤　優
編　集　志沢直子（集英社）

PROFILE

MB

ファッションバイヤー、ファッションアドバイザー。

2012年12月にウェブサイト「現役メンズバイヤーが伝えるオシャレになる方法 KnowerMag」を開設。2014年よりメルマガ「最も早くオシャレになる方法 現役メンズバイヤーが伝える洋服の着こなし & コーディネート診断」の配信を始め、2016年にまぐまぐメルマガ総合大賞1位を受賞。2015年に発売した書籍『最速でおしゃれに見せる方法』(扶桑社)が大ヒット。その他『ほぼユニクロで男のおしゃれはうまくいく スタメン25着で着まわす毎日コーディネート塾』(集英社)、『幸服論』(扶桑社)、『世界一簡単なスーツ選びの法則』(ポプラ新書)など、多数のメンズファッション書籍、企画監修する漫画『服を着るならこんなふうに』も含め、関連書籍の累計売上は100万部を突破している。

運営するオンラインサロン『MBラボ』も常に満員御礼状態にあり、自身のブランド「MB」発のオリジナルアイテムや、フリークスストア、アダムエロペ、ステュディオス、しまむら、紳士服のAOKIといった大手ブランドとのコラボアイテムも毎回爆発的な売上を記録している。

毎日読み物が更新されるウェブサイト「よみタイ」にて『新潟出身の服バカが年商1億以上を稼ぐまで〜小学生でもわかるMBのビジネス成功論』を連載中。

公式サイト　http://www.neqwsnet-japan.info
Twitter　https://twitter.com/MBKnowerMag

※本書はウェブサイト「よみタイ」(https://yomitai.jp/)
に2018年10月〜2019年6月まで連載されていたものに、
加筆・修正、書き下ろしを加え、再編集したものです。

もっと幸せに働こう
持たざる者に贈る新しい仕事術

2019年9月30日　第1刷発行
2023年7月9日　第5刷発行

著　者　MB
発行者　樋口尚也
発行所　株式会社　集英社
〒101-8050　東京都千代田区一ツ橋2-5-10
電話　編集部　03-3230-6143
読者係　03-3230-6080
販売部　03-3230-6393(書店専用)
印刷所　中央精版印刷株式会社
製本所　ナショナル製本協同組合

定価はカバーに表示してあります。

ISBN978-4-08-788021-2 C0095